고전은 당신을
배신하지 않는다

어지러운 마음을 잡아줄 고전 한 줄의 힘

고전은 당신을 배신하지 않는다

조윤제 지음

"인은 사람의 마음이요, 의는 사람이 걸어가야 할 길이다. 그 길을 버리고 따라갈 생각도 않고, 그 마음을 놓아버리고 찾으려 하지도 않으니 슬프다! 사람들은 기르던 닭이나 개를 잃어버리면 그것을 찾으려 하면서도 잃어버린 마음은 찾을 줄 모른다. 학문의 길은 다른 데 있는 것이 아니라 잃어버린 마음을 찾는 데 있다(學問之道無他 求其放心而已矣, 학문지도무타 구기방심이이의)." 맹자는 사람이라면 반드시 선한 마음을 지켜야 하고, 만약 이런 마음이 없으면 사람이라고 할 수 없다고까지 말했다. 공부 역시 선한 마음을 되찾기 위한 것이라고 했다.

21세기북스

고전,
인생을 반전시키다

마음,
흔들리지 않는가

"나는 마흔에 마음이 동요되지 않았다(我四十不動心, 아사십부동심)."

제자 공손추의 물음, "제나라의 재상이 되어 천하의 패업을 이룬다면 마음이 흔들리지 않겠습니까?"에 맹자가 대답했던 말이다. 맹자는 세상의 유혹과 욕심으로부터 진정한 자유를 마흔에 얻었다는 것이다. '부동심不動心'이라는 멋진 말이 강하게 다가오지만, 여기서 또 하나 주목해야 할 점은 바로 '마흔'이라는 나이다. 맹자의 정신적인 스승이었던 공자는 《논어論語》〈위정爲政〉에서 이렇게 자신의 삶을 말했다.

"나는 열나섯에 학문에 뜻을 두었고, 서른에 주관을 바로 세웠으며, 마흔에는 미혹되지 않았다. 쉰 살에는 하늘의 뜻을 알게 되었고, 예순에는 말을 듣는 법을 터득했고, 일흔에는 마음 가는 대로 해도 법도에 어긋나지 않았다."

여기서 맹자가 말했던 마흔의 깊은 뜻을 알게 된다. 부동심이나 불혹이라는 마음의 경지에 이르기 위해서는 탄탄한 학문과 뚜렷한 주관, 그리고 다양한 경험이 반드시 뒷받침되어야 하는 것이다. 아무런 지식의 기반 없이, 뚜렷한 주관도 없이 되는대로 세상을 살았다면 욕심과 감정이라는 강력한 유혹에 흔들릴 수밖에 없다. 공자가 말했던 그다음 단계도 기약할 수 없다. 쉰에는 어떠한 운명을 마주치더라도 잠잠히 때를 기다릴 수 있고(知天命, 지천명), 예순에는 다른 사람과의 관계를 조화롭게 만들어가며(耳順, 이순), 일흔에는 그 어떤 행동과 생각에도 흠이 없는 경지(從心所慾不踰矩, 종심소욕불유구)에 이를 수 없는 것이다.

사실 평범한 사람들이 공자와 맹자와 같은 경지에 이르기는 어렵다. 그들이 살았던 시대와 오늘날은 '마흔'이라는 의미도 다르다. 우리 시대에 마흔은 중년의 시작이면서 급격한 변화를 겪는 시점이다. 직장과 가정에서의 불확실성도 가장 커진다. 이러한 상황에서 공자와 맹자의 말처럼 미혹되지 않는다거나 부동심을 갖는 것은 사치라고 생각하는 사람도 있을 것이다.

하지만 그러하기에 더욱 우리는 용기를 갖고 '마흔'이라는 이 시기를 맞아야 한다. 이때 필요한 것이 바로 변화다. 급격한 세상의 변화에 휩쓸려 가지 않기 위해서는 먼저 스스로 변화해야 한다.

변화,
날마다 진실하게

"궁하면 변하라 변하면 통하고 통하면 지속된다(窮則變 變則通 通則久, 궁즉변 변즉통 통즉구)."

《주역周易》에 실려 있는 변화의 핵심 요체다. 《주역》은 '주나라의 역'의 줄임말인데, '역易'이라는 한자의 뜻이 '바뀌다'라는 점에서도 알 수 있듯이 끊임없이 변화하는 세상을 어떻게 살아야 할지를 알려주는 책이다. 영어로도 'Classic of changes', 즉 '변화의 고전'으로 번역된다. 많은 고전에서 변화를 이야기하고 있지만 유독 《주역》을 '변화의 고전'이라고 일컫는 이유는 《주역》이 변화의 본질을 이야기하고 있기 때문이다. 그중에서도 위의 구절이 가장 대표적이다.

흔히 '궁즉통窮則通'이라고 하는데, 아무리 큰 어려움에 부닥쳐도 벗어날 길이 있다고 격려할 때 주로 쓰이는 용어다. 하지만 궁하다고 해서 무조건 통하는 것은 아니다. 항상 벗어날 길이 있지는 않다는 것을 우리는 잘 알고 있다. 물론 고난을 벗어나 멋지게 재기하는 사람도 있지만, 그렇지 않은 사람도 많다. 오히려 점점 더 어려워져서 도저히 헤어나지 못하는 사람도 있지 않은가.

궁하면 변해야 한다. 변해야 길이 열리고, 일단 길이 열리면 그 길을 따라 꾸준히 가면 된다. 공자는 《논어》에서 "나에게 몇 년의 시간이 더 주어져서 쉰 살까지 역을 공부한다면 큰 허물이 없을 것이다"라고 말했다. 쉰은 공자가 지천명의 나이라 하지 않았던가. 역을 통해 변화를 알고, 천명을 안다면 남은 삶을 흠 없이 잘 살 수 있을 거라는 깨달음이다. 그래서 공자는 책을 묶은 끈이 세 번이나 닳아 끊어지도록(韋編三絶, 위편삼절)《주역》을 공부했던 것이다.

그러면 어떻게 변화해야 할까? 공자처럼 《주역》을 닳도록 읽어야 할까? 그에 대한 해답도 고전에 있다. 《대학大學》에 이런 구절이 있다.

"진실로 새롭게, 날마다 새롭게, 또 새롭게(苟日新 日日新 又日新, 구일신 일일신 우일신)."

고대 중국의 탕왕이 세숫대야에 새겨두었다는 이 구절이 변화의 핵심을 단 세 마디로 말해준다. 먼저 '진실로 새롭게'는 반드시 변화하겠다는 확실한 다짐이다. 겉모습만 살짝 바꾸는 것은 변화라고 할 수 없다. 마음의 근본까지 속속들이 바꿔야 한다. 새로운 하루를 맞기 위해 날마다 세수를 하듯이 마음도 씻어내야 한다.

그리고 날마다 변화해야 한다. 탕왕이 세숫대야에 새겨놓은 것은 날마다 변화하겠다는 다짐이다. 단 한 번 크게 변한다고 해서, 멋진 이벤트로 구호처럼 변화를 외친다고 해서 변화가 지속되지 않는다. 다음날이면 사라지고 만다. 진정한 변화란 날마다 쌓아가는 것이다.

마지막으로 '또 새롭게'는 변화의 습관화다. 습관처럼 변화할 수 있어야 진정한 변화를 경험할 수 있다. 습관이 오래되면 본성이 된다(習與性成, 습여성성)는 말처럼 본성을 바꿀 때까지 변화를 거듭해야 한다.

이러한 변화의 요체를 보면 진실한 변화가 무엇인지, 우리가 날마다 취해야 하는 변화가 어때야 하는지를 잘 알 수 있다. 우리를 속속들이 바뀌게 하는 것, 날마다 계속할 수 있는 것. 바로 공부다. 진실로 나를 바꾸고, 날마다 나를 바꾸고, 또 바꿀 수 있는 유일한 방법은 공부밖에는 없다. 하지만 예전의 공부 방식, 이제껏 해왔던 공부로는 안 된다.

진정한
공부란 무엇인가

"아침에 도를 들으면 저녁에 죽어도 좋다(朝聞道 夕死可矣, 조문도 석사가의)."

공자가 도를 추구하는 열망을 말해주는 것이지만, 진정한 변화의 속성을 말해주는 것이기도 하다. 변화란 죽어서 깨어날 정도로 완전히 바꿔야 한다. 공부도 마찬가지다. 공부를 통해 내가 완전히 변화하지 않으면 진정한 공부를 했다고 할수 없다.

"책은 도끼다."

소설가 프란츠 카프카가 절친한 친구 오스카 폴락에게 보낸 편지에 썼던 말이다.

"만일 우리가 읽는 책이 주먹질로 두개골을 깨우지 않는다면, 그렇다면 무엇 때문에 책을 읽는단 말인가? (중략) 책이란 우리 내면에 존재하는 얼어붙은 바다를 깨는 도끼여야 해."

이것이 우리가 평생을 공부했지만 결실을 맺지 못했던 이유다. 지금 새롭게 변화를 시작하겠다고 결심한 자리에서 무엇을 해야 할지 막막한 이유이기도 하다. 진정한 공부가 무엇인지, 어떻게 해야 하는지를 모르기 때문이다. 잘 살기 위해, 부자가 되고 성공하기 위해 지금껏 해왔던 공부도 물론 충분히 의미와 가치가 있는 공부다. 그 공부가 있었기에 우리는 지금의 자리에 설 수 있었다. 하지만 앞으로의 삶에 의미와 가치를 더해주지는 않는다. 지금 흔들리고, 막막한 것이 잘 말해주고 있지 않은가.

《논어》에는 "근본이 바로 서면 길이 열린다(本立道生, 본립도생)"라고 실려 있다. 길이 막히고 어려움에 닥쳤을 때는 근본으로 돌아가야 하듯이, 공부의 근본을 찾는 공부부터 시작해야 한다. 즉 공부를 공부해야 하는 것이다. 소크라테스 역시 모든 지식의 탐구를 본질을 찾는 것에서부터 시작했다. 소피스트 메논과 '탁월함은 가르칠 수 있는가?'라는 주제로 대화를 했을 때 소크라테스는 이렇게 말했다. "탁월함이 무엇인지 모르는데 어떻게 탁월함은 가르칠 수 있는가를 알 수 있는가?" 공부도 마찬가지다. 공부가 무엇인지 모르는데 어떻게 공부해야 할지를 알겠는가? 진정한 공부의 본질을 알아야 한다. 바로 이 책에서 말하고자 하는 핵심이다.

공부는 우리의 본성이다. 따라서 공부는 즐겁고 행복해야 한다. 타고난 본성을 따르는 일이 괴롭고 힘들다면 그것은 제대로 된 공부가 아닐 것이다. 이미 인류의 뛰어난 현자들이 그것을 증명하고 있다. 아리스토텔레스는 《형이상학》에서 "모든 인간은 본성적으로 앎을 얻기 위해 애쓴다. 그 증거는 우리가 감각기관을 통해 지각하기를 좋아한다는 것이다"라고 말했다. 현대 뇌과학에서도 "뇌는 뭔가를 달성할 때 즐

거움을 느낀다"고 말한다. 우리 뇌가 그 기분 좋은 상태를 유
지하기 위하여 도파민, 세로토닌 등의 쾌락보수물질을 방출
하기 때문이라는 것이다. 그리고 이 과정이 반복되면 습관이
된다. 이런 이론을 굳이 거론하지 않더라도 새로운 것을 알게
되는 호기심과 미지의 세계를 탐험할 때 얻는 기쁨이 얼마나
큰지는 누구나 공감할 것이다.

고전은 당신을
배신하지 않는다

"옛것을 익히고 새것을 알면 스승이 될 수 있다(溫故而知新 可以爲師
矣, 온고이지신 가이위사의)."

《논어》의 성어 중에서 가장 잘 알려진 이 구절에서 우리는
왜 고전 공부를 시작해야 하는지를 잘 알 수 있다. 위대한 개
혁자 정조대왕은 이 구절에 대해 이렇게 해석했다. 경연에서
신하 이유경이 이 구절을 "옛글을 익혀 새 글을 아는 것을 말
합니다"라고 해석하자, 정조는 "그렇지 않다. 초학자初學者는
이렇게 보는 수가 많은데, 대개 옛글을 익히면 그 가운데서
새로운 의미를 알게 되어 자기가 몰랐던 새로운 것을 더 잘
알게 된다는 것을 말한다"라고 가르쳤다. 창의와 혁신의 근

본이 되는 새로운 지식은 바로 옛것으로부터 그 실마리가 나온다. 여기서 옛것은 수천 년 인류 역사에서 가장 지혜로운 사람들이 만들어온 '고전'이다. 이를 내가 가진 현대의 지식과 결합할 때 남들이 생각하지 못하는 혁신적인 생각이 탄생할 수 있다.

오늘날은 속도와 융합의 시대로 정의할 수 있다. 빠르든 더디든 세상의 모든 것들은 속도 경쟁을 하며 빠르게 미래를 향해 달려가고 있다. 그리고 이러한 속도의 시대에 승리하기 위해서는 남보다 더 빨리 달려야 한다.

하지만 모두가 앞으로 달려 나가는 이 상황에서 경쟁에 이기기는 참으로 어렵다. 잠깐 1등의 자리를 차지했는가 하면 어느새 새로운 경쟁자에게 그 자리를 빼앗기고 만다. 그래서 탁월한 능력이 있는 사람들, 세상을 변화시키는 통찰력 있는 사람들은 남들과 함께 뛰는 속도 경쟁이 아닌 다른 방법으로 경쟁하기 시작했고, 최후의 승자가 될 수 있었다. 그들은 전혀 다른 것들을 합쳐서 새로운 것을 만드는 '융합'이라는 방법을 찾았다. 인문학적인 융합은 모방보다는 훨씬 차원이 높다. 모방은 적당히 창의적인 사람이라면 누구나 할 수 있지만 인문학적인 융합은 인문학의 바탕이 있는 사람만 할 수 있기 때문이다.

이제,
어른의 공부를 해야 할 시간

"어른은 스스로 바르게 함으로써 만물을 바르게 하는 사람이다
(有大人者 正己而物正者也, 유대인자 정기이물정자야)."

맹자는 진정한 어른에 대해 많은 이야기를 남겼다. 명예와
권세를 내세우는 사람들 중에 진정한 어른을 찾기 힘들다는
안타까움 때문이었을 것이다. 《맹자孟子》〈이루 하離婁 下〉에서
는 "대인이란 어린아이의 마음을 잃지 않은 사람이다" "예
가 아닌 예와 의가 아닌 의를 대인은 하지 않는다"라고 했다.

이 말들에서 우리는 진정한 어른의 진면목을 알게 된다. 더
배우고, 높은 자리라고 해서 나를 내세울 것이 아니라 어린아
이와 같은 순수함을 지녀야 한다. 《내가 정말 알아야 할 모든
것은 유치원에서 배웠다》라는 어느 책 제목처럼 진정한 어른
이란 어린 시절에 배웠던 인간의 근본을 지키는 사람이다.

그다음은 진실함이다. 사람들 간에 예를 지키고, 의로운
길을 가지만 허위나 가식이 아닌 진실함이 바탕이 되어야 한
다. 속마음은 전혀 다르면서 겉으로만 예와 의를 갖추는 것
은 위선일 뿐이다. 어른은 겉으로 보이는 행동과 속마음이 같
다. 그리고 진정한 어른이란 혼자만의 성장이나 성공이 아닌

주위의 다른 사람을 바르게 이끌어가야 한다. 그 바탕이 되는 것은 먼저 자기 자신의 올바름이다. 먼저 자신을 바로 세울 때 다른 사람들에게 올바름을 말할 자격이 주어진다.

이제 흔들리지 않는 '마흔'을 위해 어른의 공부를 시작해야 한다. 그동안 성공을 위해 달려왔다면 이제는 진정한 공부의 본질을 찾아야 할 때다. 내 삶의 의미와 가치를 높이고, 선한 영향력을 끼치고, 더불어 좋은 세상을 만드는 데 작은 밀알이 될 수 있는 공부. 지금, 함께 시작해보자.

◆

책을 쓰면서 나 또한 어쩔 수 없이 나의 '마흔'을 되돌아볼 수밖에 없었다. 마흔 속 나의 지난날들은 격동과 미혹의 시기였다. 정신없이 앞만 보고 달리다가 나를 잃어버린 순간도 많았다. 만약 그때 내가 인문학을 알았다면, 고전을 폭넓게 읽었다면 삶을 새롭게 보는 시각을 가질 수 있지 않았을까 하는 진한 아쉬움이 남는다. 물론 지금보다 더 풍족한 삶을 살았을 거라고 장담할 수는 없다. 하지만 지금보다 조금은 덜 부끄러운 삶을 살 수 있지 않았을까.

조윤제

차례

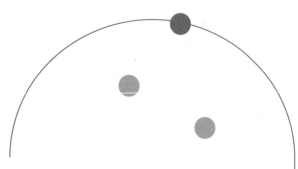

머리말 _고전, 인생을 반전시키다

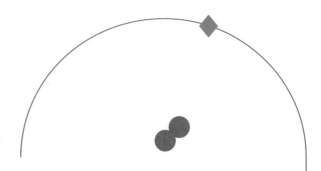

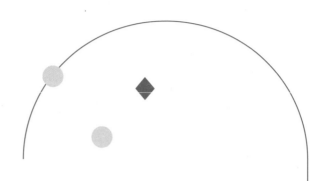

제2부　　　　내일의 삶을 채워줄
　　　　　　　네 가지 공부

제1장　　　　온전한 '나'의 삶을 살기 위하여
나를
완성하는　　　"거인의 어깨 위에 올라선 난쟁이는 거인보다 더 멀리 본다."
공부

제2장　　　　나는 더 이상 어제와 같은 삶을 살지 않는다
품격을
높이는　　　　"우리 모두는 마흔이 되면 자신의 얼굴에 책임을 져야 한다."
공부

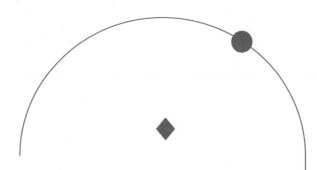

제1부

어제의

삶에서 찾은

인생의 태도 세 가지

제1장

버려라

급변하는 내일에
도태되지 않기 위하여

> 변하지만 변하지 않는다,
> 그 변하지 않음이 바로 참다운 변화다.
>
> 易而不易 不易而大易, 역이불역 불역이대역
> -《주역》-

우리가 스스로 변화해나간다면 변화를 우리가 주도하는 것이고, 만약 스스로 변화하지 않는다면 세상의 변화에 휩쓸려갈 수밖에 없다. 어차피 변화할 수밖에 없다면 스스로 변하는 것이 좋지 않겠는가.

공자가 말한 삶을
바꾸는 가장 확실한 방법

불이 우주 만물의 근본이라고 주장했던 헤라클레이토스는 소크라테스 이전의 그리스 철학자다. 잘 알려진 인물은 아니지만, 그가 했던 말 중에 우리에게 깊은 공감을 주는 유명한 말이 하나 있다.

"변하지 않는 것은 오직 변한다는 사실뿐이다."

헤라클레이토스는 불을 근본으로 세상의 바다와 땅은 끊임없이 순환하면서 변화한다고 주장했다. 그의 철학은 그 시대에는 크게 인정받지 못했고, 지나치게 어려운 주장으로 '난해한 철학자' '어둠의 철학자'로 불리기도 했다. 하지만 그가 세상의 원리로 통찰했던 변화와 균형의 개념은 근현대의 철학자들에게도 영향을 주었다.

헤라클레이토스의 주장은 '변화의 책The Classic of Changes'으로 불리는 중국 철학서 《주역周易》과 맥을 같이 한다. 주역에서는 "변하지만 변하지 않는다, 그 변하지 않음이 바로 참다운 변화다(易而不易 不易而大易, 역이불역 불역이대역)"라는 말로 변화의 핵심을 집약했다. 이 말은 쉽게 이해하기가 어려운 깊은 철학적 의미를 담고 있지만, 헤라클레이토스가 말했던 강과 인생의 비유로 생각해보면 그 뜻을 어느 정도 새겨볼 수 있을 것이다.

"우리는 같은 강에 발을 담그지만 흐르는 물은 늘 다르다."

우리가 보기에 강은 그대로 있지만, 그 강물은 끊임없이 흐르고 있다. 따라서 조금 전에 우리가 발을 담갔던 그 강물은 이미 흘러갔고, 지금 발을 담그고 있는 강물이 아니다. 이 비유는 겉으로 보기에는 변화하지 않지만 실제로는 끊임없이 변화하고 있는 자연의 이치를 잘 말해주고 있다.

◆

이러한 변화는 우리 인생도 마찬가지다. 우리는 변화하는 세상을 살고 있고, 그것을 느끼든 느끼지 않든, 스스로 변화하든 그렇지 않든 우리 역시 변화하며 살고 있다. 우리가 스스로 변화해나간다면 변화를 우리가 주도하는 것이고, 만약 스스로 변화하지 않는다면 세상의 변화에 휩쓸려갈 수밖에 없다. 결국, 내가 전혀 의도치 않은 삶을 살게 되는 것이다. 어차피 변화할 수밖에 없다면 스스로 변하는 것이 좋지 않겠는가.

스스로 변화하기 위한 가장 좋은 방법은 공부다. 진정한 공부란 나 자신이 변화하여 생각이 바뀌고 삶이 바뀌는 것이다. 공부를 통해 그동안 모르고 있던 새로운 지식이 내 머릿속에 들어가면 내 생각이 바뀐다. 내 생각이 바뀌면 세상을 보는 사고방식이 바뀌고, 행동이 바뀐다. 내 삶의 의미와 가치관이 변화하고, 그에 따라 내 삶도 바뀐다. 공자가 "아침에 도를 들으면 저녁에 죽어도 좋다(朝聞道 夕死可矣, 조문도 석사가의)"고 했던 말이 이것을 뜻한다. 내가 마치 죽었다가 깨어날 정도로 바뀌는 것이 진정한 공부다. 《변신》의 작가 카프카는 유일하게 진실한 대화를 나누었다고 했던 절친한 친구 오스카 폴락에게 보낸 편지에서 이렇게 말했다.

"우리는 우리를 깨물고 찌르는 책들을 읽어야 할 거야. 만일 우리가 읽는 책이 주먹질로 두개골을 깨우지 않는다면, 그렇다면 무엇 때문에 책을 읽는단 말인가? 자네가 쓰는 식으로, 책이 우리를 행복하게 해주라고? 맙소사, 만약 책이라고는 전혀 없다면 그 또한 우리는 정히 행복할 게야. 그렇지만 우리가 필요로 하는 것은 우리에게 매우 고통을 주는 재앙 같은, 우리가 우리 자신보다 더 사랑했던 누군가의 죽음 같은, 모든 사람으로부터 멀리 숲속으로 추방된 것 같은, 자살 같은 느낌을 주는 그런 책들이지. 책이란 우리 내면에 존재하는 얼어붙은 바다를 깨는 도끼여야 해."

책을 통해 현실에 안주하는 자신을 깨버리고 완벽하게 변화해야 진정한 독서의 의미가 있다는 것이다. 여기서 우리는 분명한 정체성을 가지고 스스로 변화하지 못할 때 나 자신도 알지 못하는 다른 힘에 의해 변화될 수밖에 없는 현대인을 그렸던 카프카의 《변신》을 생각하게 된다. 그리고 그 변화마저도 적극적으로 대응하지 못하고 순응하는 삶을 살다가 파멸하고 마는 인간의 나약함을 보게 된다. 우리는 책을 통해, 공부를 통해 스스로 변화시켜나가는 일을 멈춰서는 안 된다. 스스로 변하지 않으면 결국 누군가에 의해, 그 사람의 뜻대로 변해야 하는 삶을 살아야 할지도 모른다.

변화를 위한 또 한 가지는 단 한 번의 이벤트가 아니라 날마다 변화해나가야 한다는 것이다. 고대 중국 은나라의 명군주 탕왕이 자신의 세숫대야에 새겨 두고 날마다 마음을 새롭게 했다는 고사 "진실로 새롭게, 날마다 새롭게, 또 새롭게 (苟日新 日日新 又日新, 구일신 일일신 우일신)"처럼 변화란 날마다 쌓아나가야 하며 꾸준히 계속되어야 한다.

물론 변화를 결심하고 시작하는 것은 어떤 새로운 계기에 의해서일 경우가 많다. 하지만 그 변화를 지속하고, 결실을 얻으려면 날마다 지속해야 한다. 새해가 되었거나 새롭게 일을 시작하면서 변화를 결심하고, 머리띠를 두르고 마음을 다진다고 해서 변화는 계속되기 어렵다. 많이 경험해보았겠지만, '작심삼일作心三日'이 되고 만다. 이벤트성 변화의 한계다.

또 한 가지 제대로 변화하기 위해서는 시대와 상황에 맞는 변화를 해야 한다. 《한비자韓非子》에는 '수주대토守株待兎'라는 고사가 실려 있다.

송나라의 한 농부가 나무 그루터기에서 쉬다가 토끼 한 마리가 달려와 부딪쳐 목이 부러져 죽는 것을 보고는 기발한 생각을 한다. 죽을힘을 다해 농사를 짓는 것보다 그루터기에 편하게 앉아 토끼를 기다리는 것이 더 낫겠다는 생각이다. 하지만 당연히 토끼는 다시 오지 않았고, 결국 세상 사람들의 웃음거리가 되고 말았다.

농부는 나름대로 자신의 경험을 통해 새로운 시도를 한 것이지만 간과한 것이 있었다. 자신이 했던 단 한 번의 경험을 보편적인 것으로 생각했고, 그것이 타당한지 상황에 맞는지를 고려하지 않았던 것이다. 이는 우리도 흔히 범하는 잘못이다. 우리 역시 변화를 꾀한다고 하면서 나 자신만의 경험과 사고의 틀 안에 갇혀 있을 때가 많다. 그 결과는 실패다.

마지막으로 성공적인 변화를 위해서는 완전하게 변화해야 한다. 조금 모양을 바꾸고 방식을 바꾸는 것으로는 진정한 변화를 만들 수 없다. '환골탈태換骨奪胎'해야 한다. 이 말은 다른 사람의 문장을 본떠서 완전히 새로운 문장을 만든다는 고사에서 유래했다. 하지만 요즘은 낡은 제도나 관습을 바꾸고 완전히 새로운 모습으로 다시 태어난다는 뜻으로 많이 쓰인다. 우리 개인도 역시 변화를 할 때 이러한 환골탈태의 정신으로 완벽하게 다시 태어날 수 있어야 한다.

변화는 낡은 방식을 새로운 방식으로, 낡은 생각을 새로운 생각으로 바꾸는 것이다. 이때 낡은 방식을 남겨둬서는 완전한 변화를 꾀할 수는 없다. 흔히 기존의 방식에서 완전히 탈피하지 못하고 남겨두기 쉬운데, 새로운 방식에 확고한 믿음을 갖지 못했기 때문이기도 하다. 여차하면 되돌아가려고 여지를 남겨두는 것이다. 카프카는 오스카 폴락에게 보낸 다른 편지에서 책에 대해 이렇게 말하고 있다.

"많은 책이 자신의 성안에 있는 어떤 낯선 방에 들어가는 열쇠 같은 역할을 하네."

변화란 가둬두었던 자신의 외면만이 아니라 자신마저 모르는 내면의 깊은 것까지 바꿔야 한다. 내 안에 있는 부끄러운 면을 직시해서 성찰하는 단계에 이르러야 진정한 변화를 이룰 수 있다. 그다음 숨겨져 있는 무궁무진한 가능성을 찾아내어 발굴해낼 수 있어야 한다. '새 술은 새 부대에 담아야 한다'는 말이 있다. 껍데기는 물론 속 안에 있는 것까지 모두 속속들이 바꿀 수 있어야 진정한 변화다.

'노하우knowhow'가 아니라 '노와이know why'의 시대

호메로스의 《오디세이아》는 트로이 전쟁을 승리로 이끈 영웅 오디세우스가 사랑하는 가족에게 돌아가는 여정에서 벌어지는 서사 신화이다. 그는 부하들과 함께 많은 모험을 하게 되는데 그중에 가장 아름답고 치명적인 사건이 바로 세이렌의 유혹이다. 세이렌은 서부 이탈리아의 바다에 사는 님프들인데 항해하는 뱃사공들을 아름다운 노래로 유혹하여 죽음에 이르게 한다. 그들의 무기는 바로 아름다운 노래와 꿀과 같이 달콤한 목소리였다.

오디세우스는 항해 중에 만나 1년간 쾌락을 나누었던 키르케의 조언으로 세이렌의 유혹을 뿌리칠 방법을 얻는다. 먼저 부하들을 지키기 위해 그들의 귀를 밀랍으로 막아 그 노래를 듣지 못하게 했다. 하지만 자신은 그 노래를 듣길 원했다. 돛대에 몸을 묶고 부하들에게 자기가 아무리 풀어달라고 애원

해도 점점 더 강하게 묶으라고 당부한다. 그만큼 세이렌의 유혹은 치명적이기 때문이다. 세이렌이 아름다운 노래를 통해 자극한 것은 바로 '앎에 대한 욕구'였다.

"자, 가까이 오세요. 아카이아의 위대한 영광인 오디세우스여. 배를 멈추고 우리의 노래를 들어봐요. 그 누구도 우리의 입술로부터 흘러나오는 꿀맛처럼 단 목소리를 듣기 전에 이곳을 지나가지 않았어요. 노래를 들으면 즐겁고 많은 지식을 얻을 수 있으리라. 우리는 모든 것을 알고 있어요. 아르지브인과 트로이인이 신들의 뜻에 따라 어떤 고통을 겪었는지. 그리고 기름진 이 땅위에서 장차 일어날 일도 모두 알고 있어요."

트로이 전쟁에서 감춰진 신들의 비밀뿐 아니라 앞으로 일어날 일, 즐겁고 많은 지식을 전해주겠다는 세이렌의 유혹은 너무나 달콤했다. 세이렌의 노래를 듣고 오디세우스는 자신을 묶은 밧줄을 풀어달라고 몸부림쳤지만, 부하들의 도움으로 간신히 목숨을 구한다. 이미 키르케로부터 세이렌의 유혹은 목숨을 빼앗아갈 정도로 위험하다는 것을 경고받았지만, 지식을 원하는 인간의 본성을 자극하는 유혹은 그만큼 이겨내기 어려웠던 것이다.

오디세우스는 호메로스의 대서사시에 등장하는 인물 중에

서 가장 지적인 욕구가 강했던 인물이었다. 트로이 원정을 떠나며 그가 했던 일은 아들의 교육을 친구 멘토르에게 부탁하는 것이었다. 이로써 우리에게도 친숙한 '멘토mentor'라는 말의 기원을 만들기도 했고, '트로이의 목마'라는 지략을 생각해냄으로써 전쟁의 승리에 결정적으로 기여한 지혜로운 인물이었다. 그리고 전쟁이 끝난 후 수많은 고난을 이겨내고 끝내 가족 품으로 돌아갔던 의지와 감성의 인물이기도 했다.

하지만 세상은 물론 신들의 모든 비밀까지 알려주겠다는 세이렌의 유혹은 고통스러울 정도로 견디기 어려웠다. 지식이 주는 즐거움과 자신이 몰랐던 것을 더 많이 알고 싶은 호기심은 그만큼 강력했기 때문이었다.

◆

역사상 가장 지적인 정복자를 들라면 마케도니아의 알렉산드로스 대왕을 들 수 있을 것이다. 그는 동방 원정으로 엄청나게 넓은 지역을 정복하였지만, 단순히 지역을 정복하는 것을 넘어 그리스 문화를 전파하는 데 큰 힘을 기울였다. 진정한 정복이란 영토가 아닌 정신과 문화의 결합이라는 것을 그는 알고 있었던 것이다. 그 결과 동방의 문화와 그리스 문화가 합쳐진 융합 문화, 헬레니즘 문화가 탄생하게 되었다.

그는 역사상 최고의 석학인 아리스토텔레스의 제자였으며, 만약 자신이 "황제로 태어나지 않았다면 디오게네스와 같은 철학자가 되었을 것이다"라는 말로 지식을 향한 욕구를 보여주었다. 특히 우리에게 잘 알려진 "햇볕을 가리지 말라"는 그리스 철학자 디오게네스와의 일화를 보면 그는 세계 최고의 정복자라는 권위적인 모습보다는 철학을 사랑하는 한 인간의 모습을 잘 보여준다.

그는 자신이 정복한 지역에 알렉산드리아라는 대도시를 건설함으로써 자신의 통치를 확고하게 하려고 노력했는데 현재 이집트 제2의 도시인 알렉산드리아도 그가 세운 도시이다. 그리고 알렉산드리아에서 가장 중요한 지적 유산은 바로 그가 죽은 후에 세워진 인류 최고最古의 도서관인 알렉산드리아 도서관이었다. 이 도서관은 그 당시 인쇄술이 없는 상태에서 순수하게 사람의 손으로 쓰인 약 70만 권의 두루마리가 보관된 인류 지식의 보고였다. 이 도서관을 통해 수많은 학자가 학문에 증진할 수 있었고, 그들로부터 찬란한 헬레니즘 문화가 꽃필 수 있었다.

하지만 이 도서관은 화재와 종교적인 문제로 인해 점차 파괴되었고 최종적으로는 술탄의 명을 받은 이슬람 군대의 대장 암르에 의해 완전히 파괴되었다. 허무하게도 그곳의 소중한 장서는 약 4천여 개의 목욕탕 연료로 모두 사용되었다. 하지만 알렉산드리아 도서관은 2002년 10월, 그 당시 있었던 곳이라고 추정되는 장소에 파괴된 지 1,600년 만에 재건된다. 비록 소중한 책은 모두 사라졌지만, 지식을 향한 인류의 열망은 결코 사라질 수 없다는 증표일 것이다.

———————◆———————

이처럼 인류의 문명은 사람들에게 내재된 지식을 향한 열망을 통해 놀라운 발전을 이루었다. 사람들의 지식에 대한 열망은 책으로 결실을 맺었고, 도서관으로 소중하게 보관되었다. 하지만 그리 오래되지 않은 과거에 역사적으로 이어 내려온 인류의 지식에 대한 관점들을 완전히 뒤집어버리는 혁명이 일어난다. 바로 인터넷과 디지털의 혁명이다.

그동안 인류가 만들어온 축적된 엄청난 분량의 지식이 디지털과 인터넷으로 인해 광활한 바닷가에 있는 하나의 모래알처럼 되어버렸다. 그리고 오랜 시간 동안 인류가 만들어왔던 지식은 신화와 역사 속에서 뛰쳐나와 우리 모든 사람의 이야기가 되었다. 특별히 당대의 뛰어난 사람들에 한정되었던 지식의 발견 역시 모든 사람이 참여할 수 있는 공동의 장이 되었다. 오늘날 세상 모든 사람은 스스로 정보를 만들고 창조하는 역할을 맡고 있다. 이들이 만드는 수많은 콘텐츠가 순식

간에 온 세상에 퍼져나가고, 또 저장되고 있다. 이러한 시대적 상황에서 우리는 그동안 가졌던 지식에 대한 관점을 바꾸어야 한다. 얼마나 많은 지식을 머릿속에 저장할 것인가가 아니라 어떤 지식을 머릿속에 저장해야 할 것인가를 판단할 수 있어야 한다.

세계적인 미래학자 앨빈 토플러는 자신의 책《부의 미래》에서 '무용지식Obsoledge'이란 개념을 세웠다. 그는 'obsolete(쓸모없는)'와 'knowledge(지식)'를 결합한 용어를 처음 선보이면서 모든 지식에는 한정된 수명이 있고, 정보 홍수 속에서 쏟아지는 불필요한 쓰레기 지식을 무용지식이라고 설명했다. 그리고 오늘날 넘치는 데이터와 정보, 지식의 홍수 속에서 오히려 진실은 점점 멀어지고 있다고 우려했다.

이제 정보는 언제든지, 무료로, 간단하게 찾아볼 수 있다. 하지만 우리에게 필요한 지식이 무엇이고, 그것을 어떻게 활용할 수 있는지는 어디서도 쉽게 배울 수가 없다. 이제는 넘치는 정보 속에서 우리에게 유용한 지식을 찾아내 우리 것으로 만드는 지혜가 미래를 결정하는 시대가 된 것이다.

지식을 아는 '노하우knowhow'에서 지식이 있는 곳, 또는 쓰일 곳을 아는 '노웨어know where', 그리고 탁월한 전문가를 찾는 '노후know who'로 유용한 지식의 용도는 바뀌어왔다. 내가 직접 알고 익히기보다는 그 지식을 가진 사람을 찾는 것이 가장 중요한 시대인 것이다.

하지만 여기서 그쳐서는 안 된다. 내 삶의 의미와 가치를 높이는 지식, '노와이know why'를 확립해야 한다. 많은 지식을 갖는 것이 중요한 것이 아니다. 나의 정체성을 확립하고, 삶이 찬란해지는 지식을 찾아야 한다. 그리고 그 지식을 의미 있고 유용하게 사용할 때 내 삶뿐 아니라 함께 하는 사람들의 삶이 성장한다. 그리고 나에게서 비롯된 작은 역사가 시작된다. 그 역사는 곧 인류의 역사가 된다.

공부하는 법을
먼저 공부하라

고대 그리스의 철학자인 아리스토텔레스는 '학문의 아버지'로 불린다. 철학·정치학·윤리학·물리학·천문학·기상학·심리학·박물학·생물학 등 다양한 분야에 걸쳐 150여 편의 책을 저술한 인류의 위대한 스승 중 한 사람이다. 놀라운 점은 그가 저술한 책의 상상하기 어려울 정도의 넓은 스펙트럼이다. 인문철학에서부터 사회과학, 그리고 천문학과 생명과학까지 모든 힉문 분아를 섭력했다고 해도 과인이 아니다.

아리스토텔레스는 자신의 업적을 "모든 인간은 천성적으로 지식을 추구한다"라는 한 마디로 설파했다. 자신에게 내재한 지식 추구의 본성이 자신을 지식 탐구로 이끌었고, 놀라운 결과물을 만들어 낼 수 있었다는 것이다. 하지만 평범한 우리는 도저히 이해하기 힘든 것도 사실이다. 아무리 고대의 위대한 학자라고 해도 신이 아닌 이상 어떻게 모든 분야에서 탁월한 경지에 이를 수 있다는 말인가.

하지만 오래전 동양의 철학자는 이것에 대한 해답을 한 마디로 제시해주었다. 공자가 말했던 '일이관지一以貫之'다.

공자가 제자 자공에게 말했다.
"사(자공)야, 너는 내가 많이 배우고 그것을 다 기억하는 사람이라고 생각하느냐?"
자공이 "네! 그러지 않으십니까?"라고 답하자, 공자가 말했다.
"아니다, 나는 하나로써 만물을 꿰뚫는다(一以貫之, 일이관지)."

공자가 말했던 하나는 '인仁', 즉 사랑의 정신이다. 사랑이 있기에 사람 본성에 대한 이해, 대인관계에서의 배려, 학문에 대한 겸손, 자신의 삶에 대한 충실함을 가질 수 있었고, 이를 통해 학문을 통달하는 결과를 얻을 수 있게 된 것이라고 공자는 가르치고 있다.

서울대 물리학과 장회익 교수는 자신의 책《'공부도둑' 장회익의 공부의 즐거움》에서 우리에게 중요한 힌트 하나를 준다.

"공부꾼은 학문 도둑이다. 나는 전 우주의 학문 보물창고에 들어가서 학문의 정수들만 다 골라 훔쳐내고 싶다. 그런데 문제는 이 보물창고에 어떻게 진입하느냐 하는 점이다. 여기에는 창고에 따라 수많은 열쇠가 필요하다. 그런데 고수인 도둑은 한두 개의 문만 여는 열쇠를 마련하는 게 아니라 아예 마스터키를 마련한다. 열쇠 하나로 모든 문을 다 따고 싶은 것이다."

그리고 그는 자신의 '마스터키'로 물리학을 생각해낸다.

여기서 우리는 공부에 관해서 핵심적인 사실을 알게 된다. 바로 공부에도 마스터키가 있다는 것이다. 하나만 있으면 공부의 모든 과목을 다 잘할 수 있는 마스터키는 바로 공부를 공부하는 것, 즉 공부하는 법을 아는 것이다. 학습에 관한 이론 중에 '학습전이 이론'이 있다. 전이는 한 학습의 결과가 다른 학습에 영향을 주는 현상이다. 즉 선행 학습이 후속 학습에 긍정적 또는 부정적 영향을 주는 이론인데 다음과 같이 설명할 수 있다.

"뇌는 어떤 사물을 기억할 때 그 대상 자체를 기억할 뿐만 아니라, 동시에 대상을 향한 이해 방법도 같이 기억한다. 즉 이해 방법을 응용하여 다른 사물들 사이에 존재하는 법칙성이나 공통점을 찾아낸다."

이러한 전이효과는 학습 수준이 높을수록 더 크게 작용한다고 하는데, 공부를 잘하는 사람이 모든 과목에서 골고루 좋은 성적을 받는 것은 바로 이 때문이다. 사람은 누구나 좋아하는 과목과 싫어하는 과목이 있다. 하지만 한 가지 과목을 좋아해서 그것을 열심히 공부하는 사람은 다른 과목을 공부하는 법칙이나 방법을 찾아낼 수 있다. 여기서 우리는 하나의 중요한 힌트를 얻는다. 바로 우리가 가장 좋아하고 잘하는 것에 집중하면 다른 모든 분야에서도 좋은 결과를 얻을 수 있다는 것이다.

다중지능의 창시자인 하버드대학교의 하워드 가드너 교수는 "강점지능을 살려라"라고 이야기한다. 바로 잘하는 것에 집중하라는 이야기다. 우리가 좋아하거나 잘할 수 있는 일을 하면 기분이 좋아지고 일을 하면서도 즐거운 이유는, 쾌감물질인 도파민이 분비되어 뇌의 쾌감중추가 흥분하기 때문이다. 사람들은 누구나 자신만의 강점지능을 가지고 있다. 우리가 할 일은 그것을 찾아내어 개발하면 되는 것이다.

이 이론을 공부에 적용해보자. 공부를 잘하고 싶다면 자신이 좋아하고 잘하는 과목을 먼저 확실하게 정립해두는 것이다. 그리고 그 과목을 정복하면서 터득한 비법을 다른 과목에 적용하는 것이다. 잘하는 과목을 다른 과목을 여는 마스터키로 삼을 때 자연스럽게 하나하나 공부를 정복해갈 수 있다.

우리는 탁월한 천재들이 가졌던 그런 폭넓은 지식은 가질 수 없다. 하지만 그들이 그런 능력을 갖출 수 있었던 비결을 살짝 엿보고 그것을 얻기 위해 노력할 수는 있다. 그것이 바로 큰 성공을 거둔 사람들의 공통점일지도 모른다.

'페이스북'의 창립자인 마크 주커버그는 한 분야의 전문가가 아니다. 그리고 얼핏 보기에도 남다른 천재성이 번득이지는 않는다. 하지만 그는 컴퓨터과학과 심리학, 고전과 역사 등 다양한 분야에 흥미를 갖고 공부했다. 이러한 많은 분야를 통합함으로써 얻을 수 있는 통찰력을 기반으로 그는 페이스북이라는 새로운 매체를 만들 수 있었다.

그전에도 페이스북처럼 컴퓨터와 인터넷 기술을 응용한 여러 가지 사업들이 있었다. 하지만 이들과의 경쟁에서 페이스북이 성공하게 된 것은 사람들의 감성을 움직이는 새로운 라이프스타일을 만들 수 있었다는 데 있었다. 그리고 전 세계의 사람들을 공통 관심사로 모이게 했던 글로벌한 연결 감각도 크게 작용했다. 이 모두가 사람에 관한 마크 주커버그의 폭넓은 공부가 뒷받침되었기에 가능했던 일이다.

어떤 일을 하든지 학교에서 배운 지식만이 아니라, 혼자 하는 공부를 통해 얻은 지식이 뒷받침될 때 남다른 생각을 할 수 있다. 그리고 다른 사람이 보지 못하는 새로운 길을 보게 한다.

우리가 학교에서 배우는 것의 핵심은 답을 찾는 것이다. 정해진 답을 찾기만 하면 점수가 나오고 성적이 나오기 때문에 다른 생각을 할 필요가 없다. 하지만 학교를 벗어나 사회로 나오면 그다음부터는 답이 없는 상황에서 해답을 찾아야 한다. 정답을 찾는 것은 한 가지 방향에서 한 가지 방향으로 나아가는 것이다. 하지만 '일이관지'란 한 가지 방향으로 오지만 그 원리를 모든 방향에 적용하는 것이다. 그중에서 가장 적합한 것, 좋은 것을 찾는 것이다. 변화가 숙명인 시대에 가장 필요한 원칙이라고 할 수 있다.

그 능력은 폭넓은 공부가 주는 인문학적인 기반에서 얻을 수 있다. 문학을 통해 역지사지의 상상력을 키우고, 철학을 통해 생각하는 법을 배우고 사고의 폭을 확장시켜야 한다. 그리고 역사를 통해 사람과 세상을 읽고 미래를 통찰하는 능력을 몸에 익혀야 한다. 음악을 통해 감성을, 시를 통해 세상을 보는 통찰력을 가져야 한다. 이것이 바로 세상이 원하는 사람의 모습, 변화와 속도의 시대에 변치 않는 지혜를 가진 사람의 모습이다.

권위를
맹신하지 마라

"아는 것이 힘이다."

이미 오래전부터 많이 들어온 문장일 것이다. 중고등학교 시절에 선생님들이 공부를 권하면서 가장 많이 했던 말일지도 모르겠다. 프랜시스 베이컨이 자신의 책 《신기관》에서 했던 말로, 그 전문은 이렇다.

"아는 것이 힘이다. 원인을 밝히지 못하면 어떤 효과도 낼 수 없다. 자연은 오로지 복종함으로써만 복종시킬 수 있기 때문이다. 자연의 고찰에서 원인으로 인정되는 것이 작업에서는 규칙의 역할을 한다."

《신기관》이라는 제목을 보면 선뜻 그 뜻을 짐작하기 어려운데, 말 그대로 '새로운 기관'이라는 뜻이다. 아리스토텔레스의 논리학 저서인 《기관》에 대항하는 의미로 지은 제목이다. 기관이라는 말은 에너지를 기계적인 힘으로 바꾸는 장치를 말하는데, 인간의 정신적 에너지를 이 장치에 넣으면 지식이 생산된다는 의미로 사용되었다.

베이컨은 아리스토텔레스의 학문으로서는 더 이상 진정한 학문의 발전을 이룰 수 없다는 통찰로 이 책을 썼다. 그리스 최고의 철학자로, 서양지성사에 심대한 영향을 끼친 권위 있는 대학자의 주장을 직접적으로 반박하는 책을 쓴 것을 보면 베이컨이 얼마나 야망이 큰 인물이었는지 잘 알 수 있다.

그 당시 영국을 비롯한 유럽의 학계에서는 아리스토텔레스의 학풍이 지배하고 있었다. 하지만 베이컨은 이러한 학문의 방식으로는 인간의 실생활에 도움이 될 수 없다고 믿었고, 형이상학적 자연관이 아닌 귀납적 방식으로 자연에서 진리를 얻어야 한다고 생각했다. 위의 "아는 것이 힘이다"가 속해 있는 문장이 뜻하는 바가 바로 이것이다. 베이컨은 아리스토텔레스의 연역논리학에 대해 이렇게 비판했다.

"발견을 위해 논리학의 도움을 받는 방법을 생각해볼 수도 있겠지만, 논리학은 오직 명목적으로만 당면과제와 관계가 있을 뿐이다. 논리학이 하는 일은 원리나 핵심공리를 발견하는 것이 아니라 원리나 핵심공리와 일치한다고 생각되는 명제를 발견하는 것이다. 그 원리 혹은 대전제가 되는 공리들의 증명과 발견에 대해 의문을 제기하면, 논리학은 그냥 그렇게 믿으라고, 충성을 맹세하라고, 판에 박힌 대답만 되풀이한다.”

그리고 베이컨은 학문의 혁신을 위해, 인간에게 뿌리 깊게 박힌 네 가지 편견을 제거해야 한다고 주장했다. '종족의 우상idola tribus' '동굴의 우상idola specus' '시장의 우상idola fori' '극장의 우상idola theatri'의 네 가지 '우상idola'이다. 베이컨은 각각의 우상에 대해 이렇게 설명해준다.

“종족의 우상은 인간성 그 자체에, 인간이라는 종족 그 자체에 뿌리박고 있는 것이다.”

첫째, 세상의 중심이 곧 인간이며, 모든 것이 인간을 위해 존재한다는 터무니 없는 오만에서 비롯되는 잘못된 믿음이다. 베이컨은 이것을 표면이 고르지 못한 거울을 볼 때 생기는 왜곡과 굴절이라고 표현했다.

“동굴의 우상은 각 개인이 가지고 있는 우상이다.”

둘째, 사람들은 모두 자신만의 동굴을 가지고 있다. 자신만의 기준으로 세상을 바라보는 주관적인 환상이라고 할 수 있는데, 이것은 개개인의 독특한 본성에 의할 수도 있고 각자가 받은 교육, 혹은 다른 사람으로부터 받은 영향 때문일 수도 있다. 이 동굴에 갇혀 있는 사람은 빛도 들어오지 않는 어둠 속에서 오직 자신이 옳고 보편적이며 가장 합리적이라는 선입견과 편견으로 세상을 판단한다.

"시장의 우상은 인간 상호 간의 교류와 접촉, 즉 상호 간의 의사소통과 모임에서 생긴다."

셋째, 사람들 간의 의사소통을 위해 필수불가결한 언어로 인해 생기는 오류다. 언어는 대상에 붙은 이름일 뿐 실재가 될 수 없기에 어쩔 수 없이 발생하는 문제라고 할 수 있다. "언어는 인간의 지성에 폭력을 가하고, 모든 것을 혼란 속에 몰아넣고, 인간으로 하여금 공허한 논쟁을 일삼게 하고, 수많은 오류를 범하게 한다"고 베이컨은 말한다.

"극장의 우상은 철학의 다양한 학설과 그릇된 증명 방법 때문에 사람의 마음에 생기게 된다."

넷째, 극장의 무대에서는 수많은 연극이 각본에 의해 상영되고 있다. 베이컨은 고금을 막론하고 한 시대를 풍미하는 철학 체계나 학문, 그리고 구태의연한 관습과 여러 가지 경솔하고 태만한 요소들과 공리들도 모두 이와 같은 각본이라고 했다. 하지만 이러한 각본은 연극이 상영되는 무대에서만 통하는 것으로 일반적이고 보편적인 법칙이라고 할 수 없다. 무대를 벗어난 세상에서는 터무니없는 것이 되므로, 만약 이를 고집한다면 갈등과 분쟁을 빚어낼 뿐이다.

자연의 현상에서부터 감춰진 진리를 찾는 베이컨의 방식은 오늘날 그대로 적용하기에는 많은 문제가 있다는 것은 당연할 것이다. 그리고 그가 보여준 구체적인 예 역시 많은 오류가 있고, 유치하게 여겨지는 것도 많이 있다. 그리고 스스로 "위대한 발견을 하는 것이 인간의 행위 가운데 가장 탁월한 행동이다"라고 주장했던 것처럼 자연과학적 탐구에 한정되는 한계도 있디.

하지만 학문에 임하는 자세라는 측면에서 보면 오늘날에도 반드시 새겨볼 수 있어야 한다. 바로 권위에 대한 도전정신이다. 모든 학문의 아버지라고 불리는 아리스토텔레스라는 거목에 수긍하고, 받아들이는 것이 아니라 학문의 발전에 저해되는 부분을 비판하고 당당하게 대안을 제시하는 것은 시대와 관계없이 학문에 임하는 올바른 자세라고 할 수 있다.

"자연의 진실을 연구하는 자는 자신의 지성을 강하게 사로잡고 있는 것은 무엇이든지 한 번쯤 의심해보아야 하고, 자신의 지성이 공평무사하게 활동할 수 있도록 충분히 주의를 기울여야 한다."

"학문의 진보를 지체시킨 또 다른 원인으로는 고대의 것에 대한 무조건적인 숭상과 철학계의 거장으로 꼽히는 사람들의 권위에 대한 맹목적인 추종과, 일반적인 동의를 들 수 있다."

이러한 주장은 고대 중국의 철학자 맹자와도 통한다. 맹자도 역시 "《서경書經》을 맹신하는 것은 서경이 없는 것만 못하다(盡信書則不如無書, 진신서즉불여무서)"라는 말로 어떠한 학문의 권위도 반드시 비판적인 검증이 필요하다고 주장했다. 그 문장의 전문은 이렇다.

"《서경》을 맹신하는 것은 《서경》이 없는 것만 못하다. 나는 〈무성〉 편에서 죽간 두세 쪽만 취했을 뿐이다. 인한 사람은 천하에 적수가 없다. 지극한 의의 힘으로 지극히 불인한 것을 친 것인데 어찌 피가 강을 이루어 절굿공이를 떠다니게 했을 것인가."

《서경》은 사서삼경의 하나로 고대 중국의 가장 오래된 역사서다. 유학의 시조인 공자가 편찬한 책으로서 중국 인문학의 결정판이라고 볼 수 있다. 그 당시에도 가장 권위 있는 책으로 공자와 맹자를 비롯한 많은 학자가 이 책을 인용했다. 유학의 최고 경전인 《논어論語》와 《맹자孟子》에도 《서경》에서 인용한 글들이 많이 실려 있다. 권위 있는 책을 인용해서 자신의 주장을 뒷받침하고 확실한 정당성을 부여하려고 했던 것이다.

하지만 맹자는 《서경》이 위대한 책이기는 하지만 그것을 무조건 맹신해서는 안 된다고 주장했다. 《서경》 〈무성武成〉의 내용 중에서 '피가 강처럼 흘렀다'는 말이 지나치게 과장되었다는 것이다. 천하에서 가장 어진 주무왕이 폭정을 일삼던 은나라(상나라)의 주왕을 치는데 어찌 피가 강처럼 흐를 정도로 많은 사상자가 날 수 있었겠느냐는 뜻이다. 정의로운 전쟁은, 특히 지극히 정의로운 주무왕의 군대는 큰 피해를 볼 수 없다는 것이다. 아니, 그래서는 안 된다는 믿음이었다고 할 수 있다.

물론 맹자의 주장도 지나치게 이상적이고, 편견이나 선입견이 있다. 아무리 선한 의도를 가진 전쟁이라고 해도 전쟁에는 어쩔 수 없이 희생이 따르기 마련이다. 맹자 자신의 가르침에 따라 냉철하고 비판적으로 이 글을 본다면 맹자의 생각에도 오류가 있다는 것을 알 수 있다.

하지만 이 글이 지향하는 핵심은 오직 인의仁義만이 진정한 가치일 뿐 세상의 권위를 인정하지 않는 맹자의 소신과 철학이다. 맹자의 말에서 우리는 두 가지 가르침을 얻을 수 있다. 한 가지는 좋은 책이나 권위 있는 학자의 가르침을 읽고 대하는 올바른 자세이다. 아무리 훌륭한 책, 권위가 있는 사람이라고 해도 그 책의 내용을 무조건 맹신해서 받아들이는 것은 결코 좋은 방법이 아니다. 가르침의 좋은 점은 생각과 적용의 과정을 통해 나 자신의 것으로 받아들여야 한다. 하지만 그 과정에서 의구심이 드는 내용은 반드시 비판적 검증을 거쳐야 한다. 비판적 검증 역시 나만의 생각에 사로잡혀 혼자 결론 내리는 독단이 아니라 철저히 묻고 확인하는 과정이 필요하다.

또 한 가지는 세상의 권위와 권력을 대하는 자세이다. 우리는 흔히 높은 지위에 있거나 부를 가진 사람을 높여보는 자세를 취할 때가 많다. 지위나 부가 그 사람의 가치를 대변한다고 생각하는 것이다. 하지만 그가 가진 것이 결코 그 사람의 본모습을 말해주지는 않는다. 비록 가진 것이 없어도 훌륭한 사람이 있고, 많은 것을 가졌어도 사람 구실 못하는 사람도 있다.

맹자가 바로 그랬다. 맹자는 세상의 어떤 권세와 권위 앞에서도 당당할 수 있었다. 심지어 무소불위의 권력을 가진 왕 앞에서도 마찬가지였다. 그 힘이 된 것이 바로 스스로 올바르

다는 확신이었다. 이러한 확신으로부터 담대한 호연지기浩然
之氣를 얻었고, 당당하게 자신의 뜻을 표현할 수 있는 말의 능
력도 얻었다.

　물론 오늘날의 세태에서 맹자처럼 하는 것은 무모한 일일지
모른다. 하지만 어느 누구 앞에서도, 어떤 상황에서도 옳고 그
름에서는 양보하지 않아야 한다. 그것이 난세에 스스로를 지
키는 최선이며, 세상의 우상에서 벗어날 수 있는 길이다.

우물 안 개구리가
가지고 있는 세 가지 한계

《장자莊子》에는 '우물 안 개구리(井底之蛙, 정저지와)'의 이야기가 거듭해서 나온다. 무위자연의 철학자 장자가 사람들의 좁은 시야를 한탄하는 내용이다. 좀 더 장대한 꿈을 꾸고 세상 넓은 줄 알고 살라는 가르침이다. 짧은 인생, 그리고 좁디좁은 바닥에서 자기가 사는 세상이 전부인 것으로 착각하고 사는 사람들의 모습을 우화로 표현한 것이다. 그중 한 가지는 이렇다.

'우물 안 개구리'가 우물에서의 삶이 얼마나 즐겁고 행복한지를 동해에서 온 자라에게 자랑하다가 드넓은 바다 이야기를 듣고 깜짝 놀란다. 자라는 개구리에게 이렇게 이야기해 준다.

"바다는 천 리의 먼 거리로 그 거대함을 표현하기에 부족하고,

천 길의 높이로도 그 깊이를 가늠하기 어렵다네. 우임금 시절에는 십 년 동안 아홉 번이나 홍수가 났지만 바닷물은 붇지 않아 그대로였고, 탕임금 시절에는 팔 년 동안 아홉 번이나 가뭄이 들었어도 바닷물은 줄어들지 않았네. 시간의 길고 짧음에 따라 변화하는 일도 없고, 비가 많으나 적으나 불어나거나 줄어드는 일이 없으니, 이 또한 동해에 사는 즐거움이라네."

얕은 우물에 사는 개구리는 이 말을 듣고 깜짝 놀라 정신을 잃고 말았다. 우물이라는 좁은 공간에서 왕 노릇하며 살던 개구리에게 동해라는 큰 세상은 도무지 상상할 수도 가늠할 수도 없는 차원이었던 것이다.

다음은 신들의 대화를 통해 좀 더 철학적으로 말해주는 이야기다. 황하가 가장 크고 아름다운 것으로 알았던 황하의 신 하백은 바다의 장대함을 보고 탄식한다. 그것을 본 바다의 신 약은 이렇게 충고한다.

"우물 안 개구리에게는 바다를 설명할 수 없다. 우물이라는 공간의 한계에 갇혀 있기 때문이다. 여름에만 살다 죽는 곤충에게는 얼음을 알려줄 수 없다. 시간의 제약이 있기 때문이다. 어설픈 전문가에게는 진정한 도의 세계를 말해줄 수 없다. 자신의 지식에 갇혀 있기 때문이다."

'우물 안 개구리'는 결코 세상의 거대함을 꿈꾸지 못한다. 한 번도 우물 바깥을 보지 못했고, 넓은 세상을 경험하지 못했기 때문이다. 단지 동그란 동전 크기로 보이는 하늘이 그에게는 우물 밖 세상의 전부다. 마찬가지로 그 어떤 동물도 자신이 알고 있는 본능적인 지식 이상의 능력을 발휘할 수는 없다. 자연의 법칙을 거스를 수 없기 때문이다.

우물 안 개구리는 그곳에 만족하며 안주하기 마련이고, 여름만 사는 곤충은 아무리 애를 써도 물이 얼음이 되는 겨울까지 살 수는 없다. 이처럼 그 어떤 동물도 자신이 알고 있는 본능적인 지식 이상의 능력을 발휘할 수는 없다. 이러한 한계는 사람들에게도 동일하게 적용된다. 활동하는 공간, 주어진 시간, 그리고 알고 있는 지식의 한계다.

◆

공간의 한계를 벗어나는 길은 어디에 머무를지를 아는 것이다. 우리의 자랑스러운 대학자 다산 정약용은 일찍이 환경의 중요성을 통찰했다. 아들에게 보내는 서신에서 비록 자신은 귀양을 오고 가문은 폐족이 되었지만, 아들들에게는 서울을 떠나지 말라고 당부했다. 오늘날과 같이 좋은 학군을 찾거나 사회적 지위를 과시하기 위함은 아니었다. 비록 어려운 처지지만 미래의 희망과 이상을 지키려면 반드시 보고 듣는 것이 있는 서울에 머물러야 한다는 절절한 가르침이다.

"무릇 사대부의 가법은 뜻을 얻어 벼슬길에 나서면 서둘러 산언덕에 집을 세 얻어 처사의 본색을 잃지 않아야 한다. 만약 벼슬길이 끊어지면 급히 서울 언저리에 의탁해 살면서 문화文華의 안목을 떨어뜨리지 않아야 한다. 내가 지금 죄인의 명부에 있는지라, 너희들로 하여금 잠시 시골집에 숨어지내게 했다. 뒷날의 계획으로는 다만 도성에서 십 리 안쪽에 거처를 정할 수 있을 것이다. 만약 가세가 기울어 능히 깊이 들어갈 수 없게 되면, 서울 근교에 머물면서 과실을 심고 채소를 기르며 생활을 도모하다가 재물이 조금 넉넉해지기를 기다려 저자 가운데로 들어가도 늦지 않을 것이다."

시간의 한계는 사람 역시 자연과 다를 바 없다. 누구나 주어진 수명 이상 살 수 없고, 하루는 누구에게나 24시간이다. 아무리 유능해도, 권력이 있어도, 부유해도, 가지는 것은 오직 24시간이다. 이를 두고 보면 불평등하고 부조리한 세상에서 가장 공평한 것이 시간이다.

하지만 그 시간을 어떻게 사용하는지에 따라 차이가 생긴다. 시간의 의미를 아는 사람들은 자신의 소중한 삶을 위해 시간을 아끼며 자신의 꿈을 이루어간다. 하지만 주어진 시간을 생각 없이 흘려보낸다면 삶은 완전히 달라진다. 시간을 대하는 태도는 자신의 삶을 대하는 태도와 같은 것이다. 전국시대의 영웅 제갈량은 아들 첨에게 반드시 시간을 아껴야 한다고 가르치며 시간에 대한 통찰을 전해준다.

"게으르면 정밀하게 연구할 수 없고, 거칠고 조급하면 성품을 다스릴 수 없다. 나이는 때와 함께 달리며 뜻은 해와 함께 가버려서 마침내 마르고 시들게 되면 궁색한 곳에서 한탄한들 다시 돌이킬 수 없다."

그 무엇을 이루고 싶다면 반드시 게으름과 조급함에서 벗어날 수 있어야 한다. 성품이 게으른 사람은 깊은 공부를 하기 어렵고, 조급한 사람은 좋은 성품을 이루기 힘들다. 그리고 이러한 폐습으로 자신을 버린 사람은 다시 되돌리기 어렵다. 결국 이룸도 없이 뜻도 없이 나이가 들어서 후회하게 되는데, 이때가 되면 아무리 후회해도 소용이 없다는 통렬한 가르침이다.

지식의 한계에서 가장 문제가 되는 것은 오직 지식의 습득만을 목적으로 삼는 공부다. 머릿속에 담는 지식만을 위한 공부는 온전히 나의 것으로 삼지 못하고 당연히 실천할 수도 없다. 간혹 잘못된 지식이나 오류가 있어도 걸러내지 못하므로 공부로 인해 오히려 해를 입을 수도 있다.

오늘날은 명성과 실제가 심각한 불균형을 이루고 있는 시대이다. 지식과 지위를 자랑하며 권위를 내세우는 사람 중에는 '속 빈 강정'과 같은 사람이 많이 있다. 어려운 용어와 외국어를 남발하며 한 분야의 전문가를 자처하면서도 상식적인 판단조차 내리지 못하는 '우물 안 개구리'도 많다. 이러한 시대에 반드시 필요한 것이 바로 비판적인 사고와 객관적 판단력이다.

《장자》에는 "대롱을 통해 하늘을 살피고 송곳 하나로 땅을 재려고 하니 이 얼마나 보잘것없는 일인가"라는 말이 실려 있다. 자신만의 세계에 갇혀 드넓은 세상과 경지를 모르는 사람을 두고 하는 말이다. 오직 자신이 가진 지식, 자신만의 시야로 모든 것을 판단한다면 그 사람이야말로 '우물 안 개구리'다.

◆

사람들은 필연적으로 이런 한계를 갖고 살아가야 하는 존재다. 하지만 동물들과는 달리 사람은 이러한 모든 한계에서 벗어날 수 있다. 더 나은 미래, 더 좋은 세상을 만드는 꿈을

꿀 수 있기 때문이다. 또 과감한 도전을 통해 주어진 환경의 한계를 벗어날 수도 있다. 위기의 순간이 닥쳤을 때, 절대 포기하지 않는 의지와 상황을 읽는 통찰력으로 위기를 기회로 바꿀 수도 있다. 지식과 경륜을 갈고 닦아 남들이 가지 못했던 새로운 길을 개척할 수도 있다.

이때 필요한 것이 삶의 의미에 대한 분명한 인식이다. 삶을 통해 이루고자 하는 목적을 알고, 나의 존재 의미를 분명히 하는 정체성의 확립이다. 나는 무엇을 위해 이 삶을 사는가? 그 삶을 통해 무엇을 남길 수 있는가? 크고 대단한 꿈만이 위대한 것이 아니다. 작은 우물 안이라는 환경을 과감히 뛰어넘어 세상으로 나가고자 하는 의지가 바로 그 시작이다. 그리고 더 넓은 세상을 향해 한 걸음 내디디면 삶의 위대한 도전은 시작된다.

환경이 사람의
본성을 바꾼다

《사기史記》〈공자세가孔子世家〉를 보면 공자가 노자를 만났을 때의 이야기가 나온다. 노자는 공자를 송별하면서 충고의 말을 한다.

"내가 듣기로 부자는 사람을 보낼 때 재물로써 송별의 인사를 하지만 '인자仁者'는 사람을 보낼 때 말로써 한다고 했소. 나는 부귀한 사람이 될 능력이 없기에, 인자의 이름을 빌려서 그대를 보내는 말을 하겠소."

그리고 노자는 '총명함과 지식을 자랑하면 위험을 자초할 수 있으니 자중하라'는 뜻을 전했다. 이 기록의 진위에 대해서는 학자들 간에 많은 논의가 있지만 여기서 우리가 알 수 있는 사실이 하나 있다. 옛사람들은 친한 사람을 떠나보낼 때 그냥 보내는 것이 아니라 선물을 하나 준다는 것이다. 부자는 재물로, 인자는 인생에 귀감이 될 말 한마디로 그의 앞날을 축복해준다.

《안자춘추晏子春秋》에도 비슷한 이야기가 실려 있다. 안자는 춘추시대 제나라의 명재상으로 잘 알려져 있는데 관중과 함께 가장 뛰어난 두 재상 중 한 명으로 꼽힌다. 그는 공자와 비슷한 시기에 활동했던 유가의 학자로, 그의 언행을 모은《안자춘추》를 보면 인간미가 넘치고 남에게 상처를 주지 않으면서도 사람의 마음을 움직이는 설득의 귀재임을 알 수 있다.

어느 날 그를 방문했던 증자가 먼 길을 떠나기 위해 안자에게 인사를 했다. 그러자 안자는 다음과 같이 말을 한다.

"군자가 사람을 떠나보낼 때 수레를 선물하는 것이 좋은 말 한마디를 해주는 것보다 못하다고 하였소. 그래, 내가 수레를 선물할까요, 아니면 좋은 말 한마디를 선물할까요?"

그 당시의 수레는 지금의 자동차와 같다. 상당히 통 큰 제안이기는 하지만 솔직히 이렇게 물어보는데 군자를 자부하는 사람으로서 수레를 달라는 사람은 없을 것이다. 아니 설사 평범한 사람이라고 해도 만약 한마디 말이 자신의 인생을 좌우한다면 그 말을 수레와 바꾸지는 않을 것이다. 증자는 군자답게 말 한마디를 부탁했고 안자는 다음과 같은 비유를 들어 충고한다.

"산 위에 있던 곧은 나무도 장인이 불에 달구어 수레바퀴를 만들면 다시 펴지지 않고, 민간에 묻혀 알려지지 않던 화씨의 옥은 훌륭한 옥공이 다듬자 나라의 존망을 좌우할 정도로 귀한 보물이 되었소. 따라서 군자는 자신을 어떻게 수양할 것인가를 신중하게 생각해야 합니다."

아무리 곧은 나무일지라도 한 번 굽혀지면 다시 펼 수가 없고, 화씨의 옥이라고 불리는 귀한 보물도 다듬어지지 않으면 산속의 돌에 불과하다. 사람의 경우에 대입해보면 아무리 뛰어난 사람이라도 제대로 된 교육을 받지 못하거나 나쁜 환경이나 습관에 의해 잘못된다면 그 재능을 발휘하기는 힘들다는 말이다.

이 고사의 결론으로 안자는 '습속이성習俗移性', 습속이 사람의 본성을 바꾼다고 말했다. 여기서 습속이란 환경이라고 할 수 있다. 주위 환경에 따라서 얼마든지 타고난 본성도 바뀔 수가 있다는 말이다. 《효경孝經》에 실려 있는 '맹모삼천지교孟母三遷之敎'의 고사가 잘 말해준다. 맹자의 교육을 위해 어머니가 세 번의 이사를 다닌 이야기인데, 환경의 중요성에 대해 깊은 깨우침을 준다. 어린 맹자는 묘지 근처의 집에 살 때는 장례식 흉내로, 시장 근처에서 살 때는 장사하는 흉내로 온종일을 보냈다. 그것을 안타깝게 여긴 맹모는 집을 학교 근처로 옮겨서 맹자가 공부에 전념할 수 있도록 만들었다. 위대한 인물이 될 맹자조차도 어린 시절 환경에서 자유롭지 못했던 것이다. 안자도 위의 말의 결론으로, "주거지를 선택하는 것은 선비와 이웃하기 위함이요, 선비와 이웃하는 것은 환난을 멀리하기 위함이다"라고 가르침을 주었다.

풍속은 그 시대를 사는 사람들이 만들어온 생활 전반의 습관을 말하는 것이므로 한두 사람의 노력으로 바꿀 수 있는 것이 아니다. 우리는 사회의 풍속은 바꿀 수가 없다. 하지만 우리의 습관이나 우리가 통제할 수 있는 환경은 얼마든지 우리 힘으로 선택할 수 있다. 단지 마음의 각오와 노력에 달린 것이다.

우리가 몸담은 환경을 바꾸는 것 못지않게 중요한 것은 바로 우리가 만나는 사람이다. 오히려 주거지의 환경보다 더 중요하다고 할 수 있다. 살아가면서 누구를 만나고 교류하느냐에 따라서 그 인생이 결정된다고 해도 과언이 아니다. 서로 영향을 주고받으며 그 사람의 성품과 인격이 이루어져 가는 것이다. 《순자荀子》〈권학勸學〉 편에 실린 '마중지봉麻中之蓬'이라는 고사성어가 있다. 잘 알겠지만 쑥은 구부러진 모양으로

자란다. 하지만 곧게 자라는 삼밭에서 함께 자란다면 쑥조차
도 곧게 자라게 된다.

사람도 마찬가지다. 좋은 환경에서 좋은 사람들과 교류하
게 되면 그 역시 훌륭하게 성장할 수 있다. 하지만 그 반대도
가능하다. 순자는 그 말에 이어서 "하얀 모래도 검은 모래와
함께 있으면 진흙과 같이 검어진다"라고 말한다. 아무리 자
질이 뛰어난 사람일지라도 나쁜 환경에 오래 있으면 좋은 사
람으로 성장할 수 없다.

———————————◆———————————

하지만 좋은 친구를 만나는 것이 그리 쉬운 일은 아니다.
특히 사회생활을 하면서 내가 선택할 수 있는 친구는 한계가
있다. 사람은 만나는 사람에 의해 달라지고, 좋은 친구를 만
나는 것이 자신의 앞날에 좋다는 것은 알지만 여러 가지 제약
이 있다. 환경적인 요인도 있지만 가장 중요한 요인은 바로
나 자신이다.

먼저, 사람을 보는 눈이 밝지 않은 것이다. 사람은 본성적
으로 자기에게 잘해주는 사람에게 기울기 마련이다. 눈앞에
서 달콤한 이야기를 하는 사람에게 마음이 가게 되고, 그 사
람에 대해 냉철한 판단을 내리기 어렵게 된다. 또 한 가지는

이해타산으로 흔들리는 마음이다. 나에게 이익이 되는 사람, 내 욕심을 채워줄 수 있는 사람에게 마음이 간다. 아무리 마음을 다잡으려고 해도 순간순간 흔들리는 마음을 이기기는 쉽지 않다. 그리고 무엇보다도 더 염두에 두어야 하는 사실이 있다. 친구를 사귀는 것은 상대적이라는 것이다. 무조건 나에게만 득이 되는 사람은 없다. 나 역시 그에게 득이 되는 사람이 되어야 한다.

사람들은 누구나 자신만의 장점이 있는 법이다. 그리고 자신의 분야에서 능력을 발휘한다. 만약 그 능력을 필요로 하는 사람이 있다면 굳이 알리지 않아도 사람들이 찾아온다. "복숭아와 오얏은 말을 하지 않아도 나무 밑에 저절로 길이 생긴다(桃李不言 下自成蹊, 도리불언 하자성혜)"라고 《사기》에 실려 있다. 덕이 있는 사람, 뛰어난 능력이 있는 사람에게는 저절로 사람들이 모여든다. 마치 맛있는 열매가 열리는 복숭아와 오얏나무 아래로 사람들이 모여드는 것과 같다.

그리고 대인관계에서도 지켜야 할 원칙이 있다. 그 중요한 것 하나를 공자가 가르쳐준다.

"군자는 남의 장점을 키워주고 단점을 막아준다. 소인은 그 반대다(君子成人之美 不成人之惡 小人反是, 군자성인지미 불성인지악 소인반시)."

다른 사람의 장점은 시기나 질투의 대상이 아니다. 배워서 내 것으로 삼아야 할 소중한 자산이다. 그리고 단점은 비난의 대상이 아니다. 진실한 충고로 함께 고쳐나가야 할 장애물이다. 좋은 친구란 저 멀리 앞서가는 잘난 친구가 아니다. 함께 성장할 수 있는 친구다.

출발선이 달라도
결승점은 같다

파스칼은 사람들의 무지를 세 종류로 나누었다. 첫째, 태생적으로 가지고 있는 본래의 무지다. 사람은 누구나 백지 상태로 태어나니까. 둘째, 위대한 성인들이 자각한 무지다. 이들은 세상의 모든 것을 다 편력한 다음, 비로소 자신이 아는 것이 없다는 것을 깨닫는다. 바로 소크라테스가 깨달았던 '무지無之의 지之'의 통찰이다. '아는 것이 없다는 것을 안다'는 가장 현명한 무지에 속한다.

셋째, 본래의 무지에서 벗어났지만 무지의 지에는 도달하지 못한 사람이 있다. 파스칼은 이들을 두고 세상을 어지럽히고 모든 것을 그릇되게 판단하는 가장 문제가 되는 사람이라고 했다. 지식을 피상적으로 알고 있으면서 자신이 모든 것을 알고 있다고 착각하기 때문이다. 소크라테스가 만났던 소위 아테네의 지식인들이 바로 이들이다.

파스칼이 무지를 셋으로 분류했다면 공자는 지식인의 종류를 넷으로 구분했다. 《논어》〈계씨季氏〉에 실려 있는 '생이지지生而知之' '학이지지學而之知' '곤이학지困而學知' '곤이불학困而不學'이 그것이다.

먼저 '생이지지'는 날 때부터 아는 사람이다. 배우지 않아도 아는 경지로 성인聖人에 속한 사람이다. 하지만 이들은 자신이 모든 것을 안다고 생각하지 않는다. 다른 사람들이 어떻게 보든 자신은 부족하다는 것이다. 파스칼이 말했던 무지의 지에 도달한 사람이라고 할 수 있다. 그다음 '학이지지'는 배워서 아는 사람을 말한다. 배움의 열정을 가지고 열심히 노력해 높은 학문의 수준에 도달한 사람이다.

'곤이학지'는 곤란에 처하고 나서야 배움의 필요성을 절감하고 열심히 배우는 사람이다. '곤이불학'은 공자가 최하의 사람이라고 꾸짖었던, 곤란한 지경에 처해도 공부하지 않는 사람을 말한다. 이들은 곤경에 처하면 다른 사람을 탓하고, 환경을 핑계 댈 뿐 스스로 벗어나려고 노력하지는 않는다. 결국 곤경에서 헤어나오지 못하고 최악의 상황을 맞게 된다.

많은 사람이 그 당시 공자를 두고 성인, 즉 '생이지지자生而知之者'라고 우러렀다. 하지만 《논어》를 읽다 보면 공자 자신은 스스로 부족함을 인정하고, '나는 아는 것이 없다'라고 고백했던 것을 자주 볼 수 있다. 이처럼 지혜로운 사람은 자신의 한계를 잘 분별한다. 그리고 학문에 있어서 겸손하고 솔직한 태도를 가진다. 이러한 공자의 철학을 잘 말해주는 구절이 있다.

"아는 것을 안다 하고 모르는 것을 모른다 하는 것. 이것이 아는 것이다(知之爲知之 不知爲不知 是知也, 지지위지지 부지위부지 시지야)."

《논어》〈위정爲政〉에서 공자가 제자인 자로를 가르친 말이다. 자로는 건달 출신의 제자로 용맹함은 뛰어나지만, 학문과 수양에서는 많이 부족했다. 그래서 공자는 학문에 임할 때는 아는 체해서도, 무모하게 나서서도 안 된다는 것을 경계했다. 스스로 부족하다는 것을 인정하는 겸손, 그것을 공개적으로 말할 수 있는 솔직함을 반드시 갖춰야 학문에 진전을 얻을 수 있다는 가르침이다.

누구나 자신을 과시하고 싶은 마음이 있다. 또한 다른 사람의 인정을 받고 싶은 마음도 강렬하다. 하지만 잠깐의 자존심을 위해 '아는 체'를 하게 되면 나중에 더 큰 곤란에 빠질 수도 있다. 만약 나의 지식이 부족하고 가진 것이 모자라면 솔직하게 인정하는 것이 최선이다. "자기 혀에게 모른다는 말을 열심히 가르쳐라." 유대 속담에 있는 말이다.

사람들은 누구나 자신의 천성이 뛰어나기를 원한다. 타고난 좋은 천성으로 더 높이, 더 쉽게 인생의 결실을 얻기 원한다. 그러나 비록 천성은 부족하더라도 얼마든지 더 좋은 인생을 살 수 있는 길이 있다. 오히려 더 높은 경지에 오르는 사람도 많다.《중용中庸》에 실려 있는 글이 그 해답을 말해준다. '도道'와 '덕德'을 이루는 데는 타고난 자질이 아니라 행함이 문제이며, 이룰 수만 있다면 그 결과는 모두 같다는 것이다.

> "어떤 이는 태어나면서 알고, 어떤 이는 배워서 알고, 어떤 이는 곤란을 겪어서야 알지만, 그 앎에 이르러서는 모두 같다. 어떤 이는 편안하게 행하고, 어떤 이는 이롭다고 여겨 행하고, 어떤 이는 힘써 행하지만, 그 공을 이루는 데 이르러서는 모두 같다(或生而知之 或學而知之 或困而知之 及其知之 也 或安而行之 或利而行之 或勉强而行之 及其成功一也, 혹생이지지 혹학이지지 혹곤이지지 급기지지일야 혹안이행지 혹리이행지 혹면강이행지 급기성공일야)."

타고난 천성에 따라 방법이나 노력의 정도는 다를지 몰라도 일단 배움을 얻고 나면 다 똑같다. 의미와 가치에 차등을 둘 수 없고, 두어서도 안 된다는 가르침이다. 도를 이루는 것도 마찬가지다. 어떤 이는 수양이 깊어 도를 행함을 마치 몸에서 배어나듯이 편안하게, 자연스럽게 할 수 있다. 또 어떤 사람은 자신에게 이익이 되어야 도를 행하기도 한다. 또 어떤 사람은 자질이 부족해 다른 사람보다 몇 배의 노력을 기울여야 겨우 얻을 수 있다. 이 역시 마찬가지로 일단 얻기만 한다면 모두 훌륭한 것이고 성공한 것이다. 차등을 둘 수 없다.

무엇보다도 하고자 하는 열의와 의욕만 있다면 그 어떤 위대한 인물이든 그와 같이 될 수 있다. 그와 같이 되고자 하는 꿈을 꾸고, 합당한 노력만 뒷받침할 수 있다면 말이다. 맹자는 그것이 의지와 열정, 그리고 노력의 문제라고 말해준다.

《맹자》〈등문공 상藤文公 上〉에는 안연이 "순임금은 어떤 사람입니까? 저는 또 어떤 사람입니까? 하려고만 한다면 누구나 그와 같을 수 있습니다"라고 말했던 것이 실려 있다. 사람으로 태어나 누구나 노력을 한다면 탁월한 인물이 될 수 있다는 말이다. 심지어 순임금과 같은 최고의 성군으로 꼽히는 인물이라고 해도 못 오를 나무는 아니다. 하려고 하는 마음과 할 수 있다는 의지만 있다면 될 수 있다. 우리는 이렇게 말하면 되겠다. "안연은 어떤 사람입니까? 저는 또 어떤 사람입니까? 나도 그와 같을 수 있습니다!"

다산 정약용은 순임금과 같이 되고자 하는 것을 용기(勇)로 보았다. 그리고 어떤 인물이든지 용기를 갖고 노력하면 그처럼 될 수 있다고 가르쳤다. 다음은 그가 아들 학유에게 준 글이다.

"용이란 삼덕三德의 하나이다. 성인이 개물성무(開物成務, 만물의 뜻을 깨달아 모든 일을 이룸)하고 천지를 두루 다스림은 모두 용이 하는 바다. '순은 어떤 사람인가? 하고자 하는 바가 이와 같으면 된다'는 것이 용이다. 경제의 학문을 하고자 하면 '주공은 어떤 사람인가? 하는 바가 이와 같으면 된다'고 하고, 뛰어난 문장가가 되고자 하면 '유향이나 한유는 어떤 사람인가? 하는 바가 이와 같으면 된다'고 하면 된다. 서예의 명가가 되고 싶으면 '왕희지와 왕헌지는 어떤 사람인가?'라고 하고, 부자가 되고 싶다면 '도주공과 의돈은 어떤 사람인가'라고 한다. 무릇 한 가지 소원이 있으면 한 사람을 목표로 정해 반드시 그와 나란히 하는 것을 기약한 뒤에 그만두어야 하니, 이것이 용의 덕이다."

무엇이 되고 싶던 필요한 것은 용기다. 그 어떤 위대한 인물이라고 해도 처음부터 위대한 것은 아니다. 평범한 사람이 평범하지 않은 노력을 쌓아간다면 위대한 결과는 만들어진다. 단지 내가 이루고 싶은 꿈만 명확하면 된다. 분명히 방향을 정하고, 따르고 싶은 한 사람을 정한다. 그리고 한 발 내디딘다. 그러면 이미 한 걸음 다가선 것이다.

제2장

남겨라

경험으로 쌓은 원칙과
주관이 곧 나의 중심이다

> ❝
>
> 적도 모르고 나도 모르면
> 싸울 때마다 반드시 위험에 빠진다.
>
> 不知彼不知己 每戰必殆, 부지피부지기 매전필태
> -《손자병법》-
>
> ❞

제아무리 좋은 강점이 있어도 지식으로 뒷받침하지 않으면 오히려 약점이 된다. 먼저 나를 정확히 알고, 강점이 되는 덕목을 키우고, 이를 지식으로 뒷받침한다면 발전하는 사람, 날마다 더 나아지는 사람, 결국 이기는 사람이 될 수 있다.

잘 보고, 잘 살피고,
잘 관찰하라

창의력은 새로운 생각을 해낼 수 있는 능력이다. 창의력이 있는 사람은 남들이 생각하지 못하는 기발한 생각을 하거나 예전에 보지 못했던 새로운 것을 만들어낸다. 비슷한 용어로 통찰력이 있는데, 의미가 좀 다르다. 통찰력은 표면 아래에 있는 진실을 볼 수 있는 능력이다. 살짝 가려져 있어서 보통 사람의 눈으로는 볼 수 없지만, 통찰력이 있는 사람은 감춰진 진실을 볼 수 있다. 한 마디로 그 차이를 요약해보면 창의력은 새로운 것을 창작해내는 능력이고, 통찰력은 그것이 효율적으로 쓰일 수 있는 용도를 생각해내는 능력이다. 쉽게 말해 창의력의 사람은 새로운 '무엇'을 발명하고, 통찰력이 있는 사람은 '그 무엇을 어떻게 사용할까?'의 해답을 찾는다.

제레드 다이아몬드 교수의 명저 《총, 균, 쇠》에는 그 차이를 알기 쉽게 보여주는 대목이 있다.

"미국에서는 해마다 약 7만 건에 달하는 특허권이 발행된다. 그 중에서 상업적인 생산에까지 이르는 것은 소수에 불과하다. 만약 쓰일 곳을 찾은 위대한 발명품이 하나 있다면 그 뒤에는 그렇지 못한 무수한 발명품들이 빛도 보지 못한 채 사라지는 것이다. 심지어는 처음에 어떤 필요에 의해 고안되었던 발명품들조차도 나중에는 뜻밖의 다른 필요에 더욱 큰 가치가 있음이 밝혀지기도 한다. 제임스 와트가 증기기관을 고안한 것은 원래 광산에서 물을 퍼내기 위해서였지만 증기기관은 곧 방적 공장에 동력을 공급하게 되었고 다시 (훨씬 더 많은 수익을 거두면서) 기관차와 배를 움직이게 되었다."

이외에도 《총, 균, 쇠》에서 다이아몬드 교수는 토마스 에디슨의 축음기, 니콜라우스 오토의 자동차 등 수많은 발명품이 처음의 의도와는 다른 용도를 찾음으로써 인류의 발전에 크게 기여할 수 있었다고 말한다. 에디슨이 처음 축음기를 발명했을 때의 일이다.

"축음기를 발명한 몇 년 후 에디슨은 자신의 발명품이 상업적인 가치가 없다고 말했다. 그러나 몇 년 후에는 마음을 바꾸어 축음기 사업을 시작했다. 그런데 그 용도는 사무용 구술 기계였다. 다른 기업가들이 축음기를 이용하여 동전을 넣으면 대중음악이 흘러나오는 주크박스를 만들었을 때 에디슨은 자기 발명품이 사무용이라는 중요한 용도에서 벗어나서 그렇게 전락하는 것에 반대했다. 그리고 20년이 흐른 후에야 비로소 에디슨도 축음기의 주된 용도는 음악을 녹음하고 재생하는 일이라는 데 마지못해 동의했던 것이다."

세상을 바꾼 위대한 과학자 에디슨 역시 창의력은 있었으나 통찰력은 미치지 못했던 것 같다. 창의적인 인재들에 의해 발명이 이루어지지만, 한편으로는 그 발명품의 새로운 의미와 가치를 통찰력의 사람이 찾음으로써 그 발명품이 더욱 효율적으로 활용될 수 있었다. 사람은 누구나 자신만의 강점이 있고, 그 강점을 살려 나갈 때 의미 있는 일을 할 수 있다. 설사 천재적인 발명을 하지 못하는 사람이라도 자신의 강점을 살려 나갈 때 위대한 발견의 주인공이 될 수 있는 것이다.

◆

2,300여 년 전 동양에서도 이 이치를 꿰뚫어 보았던 장자라는 철학자가 있었다. 그의 책《장자》에 이런 이야기가 있다.

송나라에서 대대로 세탁을 업으로 살아가는 사람이 있었다. 겨울에도 찬물에 손을 넣는 일이 많아서 그 집안에는 손발의 동상을 막아주는 비법이 전수되고 있었다. 하루는 소문을 들은 어떤 상인이 100냥에 그 비법을 팔라고 했고, 그 사람은 가족회의를 열어 팔기로 의견을 모았다.

"우리가 평생 세탁 일을 해도 큰 소득을 거두지 못하는데, 이렇게 큰돈을 준다고 하니 그 비법을 팔아버리자."

그들은 상인에게 비법을 팔았고, 상인은 그 길로 오나라 왕을 찾아가 바쳤다. 마침 천하의 앙숙인 월나라에 내란이 일어나자 오나라는 월나라를 침공했고, 그 비법은 그 진가를 발휘하게 되었다. 한겨울 수전水戰을 치르는 전쟁에서 오나라 병사는 동상이 생기지 않는 약을 발라 전력을 유지할 수 있었지만, 월나라 병사들은 손발이 얼어붙어 제대로 전력을 발휘할 수 없었다. 결국 전쟁은 오나라의 큰 승리로 끝났고, 상인은 상을 받았다. 하지만 그 비법을 팔아버린 송나라 사람은 여전히 고생하며 세탁 일을 할 수밖에 없었다.

이 고사는 장자가 친구 혜시와의 대화에서 했던 말이다. 혜시가 '위나라 왕에게서 선물 받은 엄청 큰 조롱박이 쓸모가 없어 부숴버렸다'고 하자, 장자가 예를 들어 말해준 고사다.

혜시가 친구인 장자에게 이렇게 말했던 것은 자랑하려는 의도가 있었다. 자신이 위나라 왕에게서 선물을 받을 정도의 대단한 인물이라는 것을 은연중에 과시하고, 비록 왕이 선물했던 귀한 것이라도 아낌없이 버릴 수 있는 호기로운 인물임을 자랑하려 한 것이다. 하지만 장자가 보기에 혜시는 귀한 물건을 제대로 쓰지 못하는 한심한 인물일 뿐이었다. 장자는 결론으로 이렇게 말했다.

"손을 트지 않게 하는 방법은 한 가지지만, 어떤 사람은 큰 상을 받았고, 어떤 사람은 세탁하는 일에서 벗어나지 못했지. 그것은 바로 사용하는 방법이 달랐기 때문이야. 지금 자네는 엄청나게 큰 조롱박을 가지고 있으면서 어째서 그것을 배로 삼아 강이나 호수 위로 떠다닐 생각은 못 하고, 아무것도 담을 수 없다고 불평만 한단 말인가? 자네는 생각이 꽉 막힌 사람일세."

통찰력은 물건의 용도뿐 아니라 사람의 마음을 읽는 데에도 유용한 힘이다. 진시황의 숨겨진 아버지라는 풍문이 있는 여불위가 편찬했던 《여씨춘추呂氏春秋》에서는 통찰력을 관찰하는 능력이 주는 힘이라고 표현했다.

"사람의 마음은 숨겨지고 감추어져 있어서 측량하기가 어려운데, 사람을 잘 관찰하면 그 사람의 숨겨진 의지를 보게 된다. 하지만 이러한 능력은 오직 성인聖人들만 할 수 있는데 평범한 사람들은 이러한 능력을 갖추기는 어렵다."

사람의 마음을 읽는 통찰력은 특별한 사람만의 능력이라는 것이다. 평범한 사람들은 그런 능력이 없기에 성인들의 능력을 신기하게 여기고, 요행이라고 생각한다. 하지만 《논어》〈위정〉에서 공자는 다르게 이야기했다.

"그 사람이 하는 것을 보고, 그 동기를 살펴보고, 그가 편안하게 여기는 것을 잘 관찰해보아라. 사람이 어떻게 자신을 속이겠는가? 사람이 어떻게 자신을 속이겠는가?(視其所以 觀其所由 察其所安 人焉廋哉 人焉廋哉, 시기소이 관기소유 찰기소안 인언수재 인언수재)"

잘 보고(視), 잘 살피고(觀), 잘 관찰하면(察) 그 사람에 대해 속속들이 알게 되고, 자신의 본심을 숨길 수 없다는 것이다. 이것을 강조하기 위해 공자는 두 번씩이나 '사람이 자신을 속일 수 없다'고 되풀이하고 있다. 사람의 숨겨진 마음을 읽는 통찰력은 누구라도 세심한 관찰 능력을 기른다면 가질 수 있다는 것이다.

이 이야기들은 우리 평범한 사람들에게 소중한 통찰을 준다. 우리는 인류의 미래를 밝힐 놀라운 창의력은 발휘할 수 없을지도 모른다. 하지만, 그 발명품들의 새로운 가치를 찾는 통찰력은 가질 수 있을 것이다. 그 시작은 일상생활에서 주위의 사물이나 물건들에 대해 호기심을 가지고 바라보는 것이다. 그동안 무심코 지나쳤던 사소한 것들에 관심을 갖고, '이것이 무엇일까?'라는 관점이 아니라 '이것이 무엇이 될 수 있을까?'라는 시각으로 바라본다면 사물의 새로운 의미를 알고 새로운 가치를 찾게 된다. 그리고 기존의 것들로부터 비슷한 것들을 서로 연결해서 사고하는 습관을 몸에 익힌다면 남들이 보지 못하는 새로운 것을 찾을 수 있다. 인류 역사의 놀라운 발견들은 모두 완전히 새로운 것이 아니라 기존의 현상에서 새로운 용도를 발견하는 것에서 비롯되었다.

그것을 위해 필요한 것이 고전을 통한 지식이다. 고전이 말해주는 지혜가 내 삶에, 내 일에 적용될 때 새로운 것이 탄생한다. '온고이지신溫故而知新', 즉 '옛것을 익혀 새로운 것을 알다'가 그것을 말해주고 있고, '이류이추以類而推', 즉 '가까운 것으로 미루어 새롭게 생각을 넓혀나가는 것'도 이러한 생각을 뒷받침해주는 말들이다. 《성경》〈전도서〉에 실려 있는 "해 이래에는 새것이 없나니"도 이 원리를 유추할 수 있는 진리의 말씀이다.

세상의 모든 것들은 저마다 숨겨진 가치를 가지고 있다. 그것을 찾아내는 것은 고정관념과 타성에서 벗어난 새로운 안목과 세심한 관찰력이다. 다른 사람이 미처 생각하지 못하는 것을 보고 남들이 모르는 쓸모를 찾아내는 통찰력, 세상에 가치를 더하는 소중한 지혜다.

백 번 싸워도
흔들리지 않는 자가 결국 이긴다

《손자병법孫子兵法》은 제나라 사람 손무가 쓴 13편의 병법서다. 손자는 제나라에 내란이 일어나자 천하를 방랑하다가 오나라 왕 합려를 찾아간다. 손자와 오나라 왕 합려와의 운명적인 만남은《사기》〈손자오기열전孫子吳起列傳〉에 실려 있다.

손자가 자신의 병법서를 가지고 오나라 왕 합려를 만나러 가자 합려가 물었다. "그대의 병서는 내가 모두 읽었소. 직접 군대를 지휘하는 것을 볼 수 있겠소?" 손자는 궁녀 180명을 불러 모으기를 청했고, 왕이 가장 총애하는 궁녀 두 명을 각각 대장으로 임명했다. 손자는 이들에게 이렇게 명령했다.

"너희들은 가슴과 좌우의 손과 등이 어딘지 알 것이다. 내가 앞으로 하면 가슴을 보고, 왼쪽으로 하면 왼손을 보고 오른쪽으로 하면 오른손을 보고 뒤로 하면 등을 보아라."

너무나 쉬운 명령에 궁녀들은 모두 "알겠습니다!"라고 대답했고, 손자는 몇 번을 거듭해서 명령을 가르쳤다. 그리고 북을 둥둥 울리며 훈련을 시작했다. "오른쪽으로!" 하지만 궁녀들은 자지러지게 웃을 뿐 따르지 않았다. 손자는 "약속 내용이 분명치 않고, 명령이 철저하지 않은 것은 모두 장수인 나의 잘못이다"라고 하며 또 한 번 명령을 가르쳤다. 그리고 이번에는 "왼쪽으로!" 하고 명령했다. 그런데도 그들은 까르르 크게 웃기만 할 뿐 움직이지 않았다.

손자는 "약속이 분명치 않고, 명령이 철저하지 않은 것은 장수의 잘못이다. 하지만 분명히 알려 주었는데도 약속을 정한 대로 하지 않은 것은 부대장의 죄다." 그리고 양쪽 부대장의 목을 베라고 명령했다. 멀리서 이 광경을 지켜보던 오나라 왕이 깜짝 놀라 전령을 보내 만류했다.

"과인은 이미 장군이 훌륭하게 군대를 지휘할 수 있다는 것을 충분히 알게 되었소. 과인은 이 두 여인이 없으면 아무리 진수성찬을 먹어도 그 맛을 모를 것이오. 그러니 제발 베지 말아주시오." 손자는 이렇게 대답했다. "저는 이미 왕의 명령을 받아 장수에 임명되었습니다. 장수가 전장에 있을 때는 아무리 군주의 명령이라도 듣지 않는 법입니다."

말이 끝나자마자 손자는 두 여인의 목을 베어 본보기로 삼았다. 그리고 그다음으로 왕이 총애하는 궁녀 둘을 부대장으로 삼아 다시 훈련을 시작했다. 그러자 궁녀들은 작은 숨소리조차 내지 않으며 단 한 치의 오차도 없이 명령을 수행했다. 손자는 왕에게 전령을 보내 훈련이 마무리되었으니 와서 보라고 보고했다. 마음이 상했던 왕은 "과인은 내려가 보고 싶지 않소"라고 하며 요청을 거부했다. 그러자 손자는 이렇게 대답했다. "왕께서는 그저 병서에 쓰인 글을 좋아할 뿐 병서의 내용을 실제로 적용해서 쓸 줄은 모르시는군요."

이처럼 극적인 과정을 거쳐 손자는 합려에게 발탁되어 오나라의 군사軍師가 되었다. 그리고 명재상 오자서와 힘을 합쳐 오나라를 그 당시 가장 강력한 패권국으로 만들었다.

《손자병법》이 최고의 전쟁 병법서로 손꼽히게 되는 것은 바로 이런 점에 힘입었다고 할 수 있다. 단순한 병법 이론이 아니라 전쟁에서 증명된 실전 병법서이기 때문이다. 종이 위에서 병법을 운영하는 '지상병담紙上兵談'은 책에서 병법을 배우는 것이다. 적당한 두뇌와 재능만 있으면 누구나 잘 할 수 있다. 하지만 실제 전장에서 군대를 움직이고 전략 전술을 시행하는 것은 전혀 별개의 문제다.

《손자병법》에는 실전을 위해 장수에게 '지'智 '신信' '인仁' '용勇' '엄嚴'이 있어야 한다고 말한다. '지'는 상황을 읽고 정세를 판단하는 지략이다. 지략은 폭넓은 군사 지식을 기반으로 하지만 단순히 지식만으로는 안 된다. 지식을 실전에 적용할 수 있는 사고의 능력은 물론 경험과 경륜이 뒷받침돼야 한다. 병법 지식만 내세우며 교만하게 행동하다가 자신은 물론 40만 대군을 모두 죽음으로 몰아넣은 전국시대 조나라 장수 조괄의 지상병담 고사가 이를 잘 말해주고 있다. 장수는 지식과 경륜, 그리고 겸손을 겸비해야 한다.

'신'은 자신의 신념과 소신을 확고히 지켜나가는 것이다. 그리고 이를 기반으로 부하들로부터 신뢰를 받는 것이다. 그 첫째 조건이 바로 '신상필벌信賞必罰'이다. 공을 세운 사람에게는 확실하게 상을 내리고, 벌을 받아야 할 일이 있으면 반드시 벌을 내려야 한다. 그리고 장수는 신상필벌을 내리는 데 스스로 부끄럽지 않은 자격을 갖추어야 한다. 그 바탕이 되는 것이 솔선수범하는 희생정신이다. 중국의 병서《삼략三略》에는 "우물이 완성되지 않으면 장수는 목이 마르다고 하지 않는다(軍井未達 將不言渴, 군정미달 장불언갈)"라고 실려 있다. 자신의 권력을 이용해 이권만 챙길 줄 아는 상사는 누구에게도 믿음을 얻지 못한다.

'인'은 부하들을 사랑과 배려로 이끄는 것이다. 진정한 리더는 사람의 마음을 얻는 데 뛰어난 능력이 있다. 그 힘이 바로 사랑에서 나온다.《맹자》에는 "군주가 인자한 정치를 베풀면 백성들이 윗사람을 존경하고 그를 위해 목숨을 바친다"라고 실려 있다. 장수가 사랑과 배려의 정신으로 군대를 이끌면 중간 간부들은 장수를 진정으로 따르고, 병사들은 목숨을 바쳐 충성한다.

'용'은 용맹스러운 것을 뜻하지만 단순히 용맹에 한정되는 것은 아니다. 용기가 지나쳐서 만용이 돼서도 안 되고, 어떤 상황에서도 물러서지 않는 무모함이 돼서도 안 된다. 장수의 만용과 무모함은 병사들의 생명을 담보로 하기 때문이다. 장수의 용기는 냉철한 판단과 과감한 결단력이다. 적을 공격할 때는 과감하게 결단해야 하지만, 나보다 강한 적 앞에서는 한 걸음 물러서서 훗날을 도모할 줄 아는 것도 용기다.

'엄'은 스스로에 대한 엄정함이다. 이런 엄정함을 기반으로 엄격하게 군대의 기강을 지키는 것이다. 중국의 병서《울요자尉繚子》에는 "사랑은 부하를 따르게 하고, 위엄은 상관의 체통을 세워준다(愛在下順 威在上立, 애재하순 위재상립)"라고 실려 있다. 평소에는 부하를 사랑으로 대해야 하지만 공적인 일에서는 엄격하게 위엄을 지켜야 한다. 특히 명령의 엄중함과 확고한 위계질서는 결코 놓쳐서는 안 된다.

《손자병법》에는 이러한 장수의 다섯 가지 덕목을 종합적으로 말해주는 유명한 구절이 있다.

"적을 알고 나를 알면 백 번을 싸워도 위태롭지 않다(知彼知己 百戰不殆, 지피지기 백전불태)."

《손자병법》에서 가장 유명한 구절인 '지피지기 백전불태知
彼知己 百戰不殆'의 다음에는 이렇게 실려 있다.

"적을 알지 못하고 나를 알면 한 번 이기고 한 번 진다. 적도 모
르고 나도 모르면 싸울 때마다 반드시 위험에 빠진다."

전쟁에서 승리하기 위해서는 반드시 지피지기의 정보력이
필수적이다. 그중 장수에 해당하는 것이 장수의 다섯 가지 덕
목이다. 장수가 다섯 가지 분야에서의 자신의 능력과 상대방
의 능력을 모르면 승리를 보장할 수 없다.

———————————— ◆ ————————————

하지만 전쟁뿐 아니라 일상에서도 우리는 의외로 자신을 잘
모르는 경우가 많다. 강점과 약점은 물론 능력과 가능성도 제
대로 모른다. 자신을 객관적으로 보지 못하는 것이다. 이러한
현상에는 많은 요인이 있겠지만 가장 대표적인 것이 바로 '교
만'이다. 자만심에 빠진 사람은 자신을 냉철하게 보지 못한
다. 나만 옳다고 여기는 편협한 시각과 다른 사람보다 내가 더
낫다는 근거 없는 우월의식이 자신을 바르게 보지 못하게 하
는 것이다. 스스로를 폄하하는 것도 자신을 냉정하고 객관적

으로 보지 못하는 것이다. 자기비하에 빠진 사람은 자신의 가치를 인정하지 못하고, 자기를 사랑하지 못한다. 스스로 실패자로 자리매김함으로써 할 수 있는 일도 포기해버리고 만다.

경쟁에서 이기려면 반드시 상대를 압도하는 강점이 있어야 한다. 하지만 그보다 먼저 '나를 아는 것(知己, 지기)'과 '나를 이기는 것(克己, 극기)'이 바탕이 되어야 한다. 그것을 가능하게 하는 것이 바로 지식이다.《논어》〈양화陽貨〉에서 공자는 용맹이 지나친 제자 자로를 가르치며 이렇게 말했다.

"인을 좋아하되 배움을 좋아하지 않으면 어리석게 된다. 지혜로움을 좋아하되 배움을 좋아하지 않으면 분수를 모르게 된다. 신의를 좋아하되 배움을 좋아하지 않으면 남을 해치게 된다. 정직함을 좋아하되 배움을 좋아하지 않으면 박절하게 된다. 용기를 좋아하되 배움을 좋아하지 않으면 질서를 어지럽히게 된다. 강직함을 좋아하되 배움을 좋아하지 않으면 좌충우돌하게 된다."

제아무리 좋은 강점이 있어도 지식으로 뒷받침하지 않으면 오히려 약점이 된다. 먼저 나를 정확히 알고, 강점이 되는 덕목을 키우고, 이를 지식으로 뒷받침한다면 발전하는 사람, 날마다 더 나아지는 사람, 결국 이기는 사람이 될 수 있다. 어느 순간 훌쩍 앞서 있는 자신을 발견할 것이다.

주관을 세우고
나의 정의로 나아가라

헨리 데이비드 소로의 《시민불복종》은 '세계 역사를 바꾼 27권의 책' 중 한 권으로 꼽힌다. 주관을 세우고 행동하는 힘이 있어야 한다는 주장에 대해 실천적인 의지를 잘 나타내고 있는 책이다. 《시민불복종》은 발간된 직후에는 사람들의 관심을 끌지 못했으나 러시아의 문호 톨스토이에 의해 발견되어 사람들에게 알려지며 영향을 끼쳤다. 그리고 간디의 무저항주의의 정신적인 지주가 됨으로써 널리 알려지게 되었다. 간디 이후에도 많은 노동운동가, 나치에 저항하던 레지스탕스, 마틴 루터 킹과 같은 인권운동가들에게 계속해서 영향을 주었고, 불의한 권력에 맞서 싸우는 사람들에게 권위와 용기를 주는 책으로써 큰 역할을 하게 된다.

하지만 소로가 책을 통해 말하고자 했던 것은 세상을 바꾸는 혁명은 아니었다. 단지 바르지 못한 법과 권위에 의해 개인의 삶이 침해받는 것에 대한 저항이었다. 옳지 못하고 정의롭지 못한 정부와 법에 대해 자신이 옳다고 생각하는 바를 지켜나가고자 했던 것이다.

그는 아무런 도덕적 판단 없이 일방적으로 국가의 정의롭지 못한 전쟁에 동원되는 군인이나 경찰관은 흙덩이나 돌과 같은 존재와 다름없다고 생각했다. 심지어 도덕적 변별력이 없는 대다수의 정치가와 입법자, 변호사와 같은 사람들은 하나님뿐 아니라 악마도 함께 섬기고 있다고 말했다.

이 주장은 미국 정치학자 한나 아렌트의 '악의 평범성the banality of evil' 이론과 통한다. 도덕적이고 자상한 가장이었던 아돌프 아이히만이 아무런 도덕적 갈등도 없이 잔혹하게 유대인 학살을 했던 것은 바로 이에 기인했다고 할 수 있다. 소로는 먼저 개인들에게 원칙에 따른 행동을 해야 하고, 정의를 알고 실천할 수 있어야 한다고 권한다.

"우리는 먼저 인간이어야 하고, 그다음에 국민이어야 한다고 나는 생각한다. 법에 대한 존경심보다는 먼저 정의에 대한 존경심을 기르는 것이 바람직하다. 내가 떠맡을 권리가 있는 나의 유일한 책무는, 어떤 때건 내가 옳다고 생각하는 일을 행하는 일이다. 단체에는 양심이 없다는 말이 있는데 그것은 참으로 옳은 말이다. 그러나 양심적인 사람들이 모인 단체는 양심을 가진 단체이다. 법이 사람들을 조금이라도 더 정의로운 인간으로 만든 적은 없다. 오히려 법에 대한 존경심 때문에 선량한 사람들조차 매일매일 불의의 하수인이 되고 있다."

소로가 살고 있던 때는 노예제도가 남아 있던 시대였고, 그래서 소로의 주장은 더욱 과격해졌을 수도 있다. 노예해방에 대해 말로는 그 불의함을 지적하면서 행동하지 않는 사람들이야말로 실제로는 그 자신이 노예라는 것이다. 단 한 사람이라도 진정으로 노예제도의 폐지를 위해 행동하고 실천하는 사람이 있다면 세상은 변화되기 시작할 것이라고 믿었다.

그리고 실제로 그는 자신의 주장을 실천했다. 노예제도에 반대하여 수년간 인두세 납부를 거부함으로써 구류에 처해지는 고초를 겪었다. 어떻게 보면 지극히 사소하게 보일 수도 있다. 하지만 그 작은 움직임이 세상을 바꿀 수 있다고 그는 확신했다.

"나는 이것만은 알고 있다. 즉, 이 메사추세스주 안에서 천 사람이, 아니 백 사람이, 아니 내가 이름을 댈 수 있는 열 사람이, 아니 단 한 명의 정직한 사람이라도 노예 소유하기를 그만두고 실지로 노예제도 방조자의 입장에서 물러나며 그 때문에 형무소에 갇힌다면 미국에서 노예제도가 폐지되리라는 것을 말이다."

소로는 스스로 법과 정부의 불의와 부조리에 대항하는 길을 택했다. 그리고 이러한 개인의 저항이 세상을 변화시키고 올바른 길로 이끈다는 것을 믿었다. 소로가 말했던 이런 개인의 힘은 과연 무엇으로 얻을 수 있을까? 소로처럼 하버드 대학을 졸업한 최고의 지성인이라야 한다는 조건은 없지만, 그가 가졌던 지성의 힘이 뒷받침되었다는 것을 부인할 사람은 없을 것이다.

◆

플라톤은 《국가》에서 오직 철학자가 나라를 다스릴 때 그나라는 훌륭하게 다스려질 수 있다고 했다. 철학자가 왕이 되거나 혹은 왕이 진정한 철학자가 되기 전에는 국가들의 고통, 나아가 인류의 고통이 종식되지 않는다는 것이다. 따라서 교육 역시 오직 나라를 가장 잘 다스릴 수 있는 자에게만 주어져야 한다고 주장했다.

하지만 실상을 보면 아테네의 민주주의자들은 시민의 지혜에 의존했다. 미래를 알 수 있는 것은 오직 신들만의 경지이고 어떠한 전문가라고 해도 오만함에 빠질 경우, 일을 그르칠 수 있다고 본 것이다. 특히 나라를 다스리는 일에서는 치명적인 결과를 가져올 수도 있다고 보았다. 따라서 고대 그리스인들은 전문가의 말을 듣되, 그들의 말을 얼마나 들을지 말지를 결정하는 일을 시민들의 지혜에 의존했다. 그리고 그 시민의 지혜를 키우기 위해서는 시민 개개인에 대한 교육, 전문가를 위한 편협한 교육이 아니라 일반교양이 필요했다.

노숙자, 범죄자 등 사회 소외계층에게 인문학 교육을 함으로써 정상적인 사회의 일원으로 회복시켰던 '클레멘트 코스 Clemte Course'에서 우리는 이러한 현상이 모든 사람에게 보편적으로 적용된다는 것을 잘 알 수 있다.

그에 관한 책《희망의 인문학》에서 저자 얼 쇼리스가 감옥에서 만났던 여자 죄수는 이들 사회의 소외계층을 회복시키기 위해서는 중산층이 누리고 있는 문화적인 삶을 누릴 수 있어야 한다고 주장했다. 철학, 예술, 문학 등을 통해 사회에서 자신의 목소리를 낼 수 있는 정치적인 삶에 참여할 수 있다는 것이다. 이것을 위해 필요한 것이 바로 인문학 교육이며, 그 근거가 되는 것이 바로 인문학을 통해 얻을 수 있는 성찰의 삶이다. 그리고 자신이 처한 상황을 이겨내고, 사회의 일원으로 당당히 설 수 있는 자존감이다.

공부는 바로 이런 힘을 사람들에게 줄 수 있다. 플라톤은 동굴의 비유에서 진정한 교육에 대해 이렇게 이야기했다.

"교육이란 혼의 지적 기관을 어떤 방법을 써야 가장 쉽고 가장 효과적으로 지향시킬 수 있는가 하는 기술이지, 그 기관에 시력을 넣어주는 기술이 아닐세. 그보다는 오히려 그 기관은 시력을 갖고 있는데도 방향이 옳지 못한 나머지 보아야 할 곳을 보지 못하고 있으니 이를 연구해서 시정하는 기술이라고 할 수 있을 것이네."

교육이란 보지 못하는 사람들에게 시력을 넣어주듯이 지식이 없는 혼에 지식을 넣어주는 것이 아니다. 플라톤에 의하면 단순한 지식의 습득은 의미가 없다. 시력을 좋게 해서 잘 볼 수 있도록 하는 것이 아니라 제대로 볼 수 있도록 해야 한다. 가장 효과적인 방법으로, 올바른 방향으로 나아갈 수 있도록 하는 것이 진정한 교육의 의미다.

◆

우리는 공부를 단순한 지식의 습득으로 생각해서는 안 된다. 사람과 세상에 대해 나만의 주관을 갖게 해주는 공부를 해야 한다. 치열한 경쟁이 마치 운명과도 같은 시대, 우리는 멈추면 도태될 수밖에 없는 상황에서 그동안 힘겹게 달려올 수밖에 없었을 것이다.

하지만 이제 잠깐 멈출 시간이다. 그리고 새로운 것으로 나를 채울 시간이다. 성공과 출세만을 위한 지식이 아닌, 나를 바르게 세우고 올바른 방향으로 나아가게 하는 지식을 채워야 한다. '파이데이아paideia'를 통해 공동체에서 자신의 주관을 펼칠 수 있었던 아테네의 시민들과 같이, 클레멘트 코스를 통해 정치적인 삶을 회복하여 사회의 당당한 일원이 되었던 소외 빈민들처럼 나만의 생각을 정립하고 그것을 말할 수 있어야 한다. 아무리 많은 지식이 머릿속에 있어도 아무 생각 없이 세상의 권위에 복종하기만 한다면 그것은 노예의 삶과 다름없다.

무조건 용감하게
부딪치지 마라

　《성경》의 〈마태복음〉에는 예수가 비유로 말해주는 한 부자와 세 명의 종 이야기가 나온다. 부자는 외국으로 나가면서 종들을 불러 각각 5달란트, 2달란트, 1달란트의 돈을 맡기고 떠난다. 얼마 후 주인이 다시 돌아왔을 때 5달란트를 받은 종과 2달란트를 받은 종은 장사를 통해 각자 두 배를 만들었다. 하지만 1달란트를 받은 종은 그 돈을 혹시 잃을까 땅에 묻어 두었다.

　나중에 주인이 돌아오자 받았던 돈 1달란트를 그대로 주인에게 돌려준다. 주인은 두 배씩을 거둔 종은 칭찬하며 그 돈으로 더 큰 일을 하라고 했지만, 돈을 그냥 반납했던 종은 크게 질책한다. "차라리 그 돈을 은행에 맡겼더라면 이자라도 얻을 수 있었을 것이다"라고 하며, 그 돈을 빼앗아 10달란트를 가진 자에게 모두 주라고 명령한다. 그리고 이렇게 말했다.

"무릇 있는 자는 받아 풍족하게 되고 없는 자는 그 있는 것까지 빼앗기리라."

이 이야기는 'Winner takes all', 즉 "이긴 자가 모조리 가진다"라는 '승자독식 현상'을 가리키는데, 다른 말로 성경의 이름을 따서 '마태 효과Matthew Effect'라 부른다.

성경에서는 믿음에 대한 비유로 실려 있지만, 이 현상을 현실에 적용하여 분석했던 학자가 있었다. 마태 효과라는 말은 미국의 유명한 사회학자인 로버트 K. 머튼이 1960년대 말 그의 저서《과학사회학》에서 처음 언급했다. 명성이 높은 과학자들은 과학적으로 기여할 때 많은 인정을 받으나, 무명의 과학자들은 인정을 받기 어렵다는 것이다. 그는 학문연구에 대해 말했지만, 이 말은 거의 모든 자연현상에도 나타나는 '약육강식의 원칙'과 맥이 통하는 원리다. 특히 오늘날 치열한 경쟁 사회에서 경쟁에 승리한 사람이 모든 것을 갖고, 경쟁에서 패배한 사람은 아무것도 얻지 못한다는 치열한 경쟁 논리를 잘 말해주기도 한다.

아놀드 J. 토인비는 그의 책《역사의 연구》에서 인류 문명 발달을 '도전과 응전'이라는 한 마디로 축약해 표현했다. 전 세계 21개 문명 중에 역경과 환경, 혹은 다른 문명의 도전에 잘 적응하고 대응했던 문명은 흥성했고, 그것에 잘 대응하지 못했던 문명은 소멸했다는 것이다.

환경의 경우는 기후, 토양, 농축산의 여건, 재해 등이 있고, 타 문명의 도전은 유럽 각국의 신대륙 쟁탈전을 대표적으로 들 수 있을 것이다. 또한 지금도 계속되고 있는 종교 간의 분쟁 역시 세계 역사상 가장 집요하고 끈질긴 충돌이라고 할 수 있다.

토인비는 자신의 학설을 설명하면서 청어와 메기의 비유를 많이 들었다. 북유럽에서 가장 인기 있는 어종인 청어를 잡아 항구로 돌아올 때 가장 골치 아픈 일이 바로 청어의 신선도 보존이었다고 한다. 그때 유독 한 어부만 청어를 싱싱한 상태로 운반할 수 있었는데, 그 비밀은 바로 청어와 함께 넣어둔 천적 메기였다. 물론 항구로 오는 도중에 몇 마리의 청어는 메기에게 잡아먹힐 수밖에 없었다. 하지만 나머지 청어들은 메기가 주는 긴장감, 그리고 메기를 피해 열심히 도망쳐야 하는 활동성에 힘입어 항구에 도착할 때까지 활력을 유지할 수 있었다.

◆

오늘날도 물론 국가 간의 압력과 충돌은 끊임없이 전 세계적으로 계속되고 있다. 유사 이래로 인류들이 겪어온 것과 같은 도전과 응전은 계속되는 것이다. 물론 요즘은 이데올로기의 대립은 많이 퇴색되었다고 할 수 있다. 하지만 아직도 종교 간의 갈등은 끊임없이 수많은 충돌을 야기하고 있다. 또한 같은 권역 내에서도 승리지상주의, 특히 부와 권력을 가지고 있는 자들의 탐욕으로 인한 부작용이 많이 존재하는 것은 사실이다. 하지만 분명한 것은 이런 부작용에도 불구하고 경쟁은 반드시 필요하다는 것이다. 물론 부작용을 보완할 제도적 장치는 필요하지만, 경쟁 자체가 주는 효율성과 건전한 의욕 고취, 인센티브 효과 등은 개인과 사회의 발전을 위해 반드시 필요하다고 볼 수 있다.

경쟁의 불평등 해소를 위해 사회적으로 가장 필요한 조건은 바로 균등한 교육의 기회부여이다. 토마 피게티는 《21세기 자본》에서 "장기적인 관점에서 분석할 때 점진적으로 평등을 확대할 주된 힘은 지식과 기능의 확산이었다"라고 말했다. 불평등을 축소하는 가장 바람직한 접근법은 좋은 교육을 받을 권리를 확대하는 것이라는 것이다.

물론 오늘날 대부분의 선진 사회에서는 비록 가난한 사람이더라도 기본 교육을 받을 권리는 누구에게나 있다. 하지만 이 역시 그 내부에서는 부에 의한 불평등은 어쩔 수 없이 생겨날 수밖에 없다. 우리 사회 역시 부자는 아이들에게 더 좋은 공부의 기회를 제공하고 있고, 가난한 사람들은 몇 배의 장애물을 이겨내야만 공부할 기회를 겨우 얻을 수 있다. 그 결과는 보지 않아도 뻔할 것이다.

따라서 우리는 개인적으로 경쟁에서 이길 수 있는 가장 효율적인 방법을 고민해보아야 한다. '도전' '응전' '경쟁'하면 가장 먼저 생각나는 것은 무엇인가? 아마 많은 사람이 전쟁을 생각할 것이다. 그러면 고금유래로 전쟁의 대가들이 말하는 전쟁, 즉 가장 치열하고 격렬한 경쟁의 승리 비결은 무엇일까? 그들이 말하는 비결은 오늘날 우리가 겪는 경쟁에서 가장 적합하면서도 실효성 있게 활용할 수 있는 방법이 될 것이다.

───────◆───────

《전쟁론》의 저자 카를 폰 클라우제비츠는 전쟁을 두 사람 간의 결투에 비유하여 이렇게 정의했다.

"전쟁은 하나의 강력행위이며 그 뜻은 상대방에게 이쪽의 의지를 강요하는 데 있다."

또한 전쟁에 반대하는 인도주의자들이 자신의 견해에 대해 이렇게 반론할 것이라 예상했다.

"전쟁의 본뜻은 저편과 이편의 협정에 의해서 상대의 무장을 해제하거나 상대를 항복하게 만드는 것으로 족하며, 구태여 적에게 지나친 손상을 줄 필요는 없다. 그리고 이것이 전쟁술의 본래 의도다."

여기에 대해 클라우제비츠는 "전쟁과 같은 위험한 사업에서 선량한 마음에서 생기는 잘못된 생각이야말로 최악이다"라고 말하고 있다. 그리고 "강력을 가차 없이 행사하는 자는 상대가 같은 행동을 하지 않는 한 우세를 차지한다"라고 하며 먼저 강력한 선제공격으로 상대를 제압해야 한다고 말하고 있다.

클라우제비츠는 전쟁은 육체적인 노고와 고통을 본질로 삼기 때문에 어느 정도의 체력과 정신력이 필요하다고 주장한다. 그다음 필요한 것은 건전한 지성으로, 이 지성의 지도에 따르기만 하면 기본적인 조건을 갖추었다고 할 수 있다. 하지만 이런 조건은 상대방 역시 반드시 가지고 있을 것이기에 반드시 탁월한 지성의 힘이 필요하다는 것이다.

"전쟁은 불확실성을 본질로 한다. 수많은 우연이 발생한다. 정신이 이런 예기치 못한 것과 부단한 싸움에 잘 견디어 나가기 위해서는 무엇보다도 두 가지 특성이 필요하다. 하나는 프랑스식 표현으로 '쿠되유coup d'oeil', 즉 통찰력이고, 또 한 가지는 결단력이다."

통찰력은 장시간의 고찰과 숙고를 해야 볼 수 있는 숨겨진 진실을 신속 정확하게 파악하는 것이다. 결단력은 용기의 작용이라고 할 수 있는데, 단순한 용기가 아니라 지성이 합체되어야 한다. 전쟁에 이기기 위한 이 두 가지 특성인 통찰력과 결단력은 오늘날의 경쟁에서 이기기 위해서도 반드시 필요한 능력이다.

통찰력은 폭넓은 인문교양의 지식과 풍부한 경험, 그리고 사물과 세상을 세세히 볼 수 있는 관찰 능력에서 얻을 수 있다고 많은 고전에서 증명하고 있다. 또한 결단의 능력은 용기와 지성이 조화롭게 합쳐졌을 때 발현될 수 있다. 무조건 용기만 앞세운다면 아무런 목적이나 의미도 없이 휘두르는 만용에 불과하다.

통찰력과 결단력은 경쟁에서 이기는 두 가지 힘이다. 그리고 힘이 바르게 발휘할 수 있는 기반은 바로 용기와 지식이다. 그 위에 분명한 목적의식과 도덕성이 함께 한다면 그 어떤 경쟁에도 당당히 맞설 수 있을 것이다.

돈에는
선악이 없다

월나라와 오나라는 전쟁이 일상사이던 춘추시대에서도 가장 치열한 라이벌이었으며, 몇십 년간 대를 이어 싸워왔을 정도로 원한이 깊은 나라였다. 그런 만큼 두 나라에 관한 많은 고사와 그에 관한 성어들이 전해오고 있는데, 그중에서 가장 많이 알려진 것은 '와신상담臥薪嘗膽'일 것이다. 하나의 고사성어지만 실상은 두 나라에 각각 해당하는 고사를 모은 것이다.

오나라 왕 합려는 월나라와의 전쟁에서 손가락을 다쳐 숨을 거두었고, 아들 부차에게 왕위를 넘겨주며 자기 죽음을 절대 잊지 말라는 유언을 남긴다. 부차는 오랜 세월을 땔나무 위에서 자며 아버지의 원한을 되새겼다. 와신상담 고사에서 '와신', 즉 '땔나무 위에서 자다'에 해당하는 이야기이다.

이후 힘을 기른 오나라는 월나라와 다시 격돌했고, 이번에는 월나라가 크게 패배해 월나라 왕 구천이 회계산에 갇혀 목숨을 구걸하게 된다. 오나라 왕 부차는 명재상 오자서의 반대를 무릅쓰고 구천을 용서했다. 하지만, 구천은 수년간 오나라에서 치욕적인 종복 생활을 하게 된다. 구천은 함께 포로로 잡힌 신하 범려와 서로 의지하면서 치욕을 견뎌내었고 부차의 신임을 얻어 월나라로 다시 돌아갈 수 있었다.

간신히 자기 나라로 돌아온 구천은 머리맡에 쓴 쓸개를 매달아 놓고 날마다 핥아먹으며 치욕을 잊지 않으려고 했다. 이는 와신상담 고사에서 '상담', 즉 '쓴 쓸개를 맛봄'에 해당한다. 구천은 결국 20년 후 오나라를 무너뜨리고 승리를 거둘 수 있었다. 무려 20여 년에 걸친 원한의 역사가 담긴 성어가 바로 와신상담인 것이다.

◆

구천과 함께 오나라에서의 치욕을 견뎠고, 오나라를 멸망시키는 데 큰 공을 세웠던 범려는 부귀를 누리는 데 안주하지 않고 곧 월나라를 떠나버렸다. 구천이 믿을 수 없는 성품의 사람이라는 것을 간파했기 때문이다.

이후 범려는 제나라에서 이름을 숨기고 농사와 상업을 통해 엄청난 거부가 된다. 모은 재산이 수십만 금에 달하자 그의 이름이 제나라 전역에 알려지게 됐고, 제나라 사람들이 그를 재상으로 삼으려고 했다. 그러자 그는 모은 재산을 친구들과 이웃에게 모두 나눠주고, 천하 교역의 중심지인 도나라로 다시 몸을 피했다. 그는 그곳에서도 이름을 바꾸고, 시세를 읽는 장사 기술을 발휘해 엄청난 부를 이룰 수 있었다. 19년 동안 엄청난 부를 얻었고, 그중 두 차례나 어려운 이웃과 가난한 친척들에게 재산을 나눠주는 진정한 자선사업가의 면모를 보여줬다. 그래서 그는 오늘날까지도 중국에서 최고의 사업가로 추앙받는 인물이 됐다.

범려의 이야기는 《사기》〈화식열전貨殖列傳〉에 실려 있는데 이 책에는 범려뿐 아니라 고대 중국의 유명한 부자들의 이야기가 실려 있다. 그중 한 사람이 공자의 제자 자공이다.

자공은 공자의 제자 중에서 가장 세속적인 능력이 뛰어났다. 정치적 수완이 뛰어나 노나라와 위나라의 재상을 지냈고, 탁월한 언변과 외교술로 많은 외교적 난제를 해결하기도 했다. 무엇보다도 타고난 통찰력으로 엄청난 부를 이루었는데, 사마천은 공자가 천하에 알려진 것도 자공의 도움이라고 말했다. 천하에 뛰어난 학식과 수양도 부의 뒷받침이 있으면 더 쉽고, 더 크게 이름을 떨칠 수 있다는 것이다. 이것을 사마천은 "세력을 얻어 더욱 세상에 드러난다(得執而益彰者乎, 득예이익창자호)"라고 표현했다. 도道와 수양, 그리고 학문을 중시하는 유교의 시대에도 세상에 이름을 크게 떨치려면 부라는 세력이 뒷받침되어야 한다고 본 것이다.

또 특기할 만한 사람은 위문후 때의 백규였다. 백규는 시세의 변동을 살펴 장사했는데, 사람들이 버리고 돌아보지 않을 때는 사들였고 사람들이 사들일 때는 팔아넘겼다(人棄我取 人取我與, 인기아취 인취아여). 예를 들어 풍년이 들면 곡식은 사들이고 실과 옷은 팔았다. 만약 흉년이 들어 누에고치가 나돌면 비단과 솜을 사들이고 곡식을 내다 팔았다. 오늘날로 보면 일종의 사재기라고 할 수 있는데, 단순한 재력 놀음이 아닌 그 바탕에는 확고한 근거가 있었다. 사상팔궤와 음양오행의 동양사상에 의거하여 풍년과 흉년을 정확하게 예측했고, 좋은 종자의 사용, 검소한 생활을 반드시 지키며 장사를 했다. 무엇보다도 시기를 읽고 나아갈 때는 마치 새가 먹이를 낚아채듯이 민첩하게 했다. 그는 이렇게 말했다.

"나는 사업을 운영하는 것은 이윤(탕나라의 명재상)과 여상(주나라의 건국공신으로 강태공으로 알려져 있다)이 정책을 꾀하듯, 손자와 오자가 군사를 쓰듯, 상앙(진나라의 개혁파 재상)이 법을 시행하듯 하였다. 그런 까닭에 임기응변하는 지혜가 없거나, 일을 결단하는 용기가 없거나, 주고받는 어짊이 없거나, 지킬 바를 끝까지 지킬 수 있는 강단이 없는 사람이라면 내 방법을 배우고자 해도 가르쳐주지 않았다."

백규는 단순히 물건을 사고파는 장사가 아니라 마치 나라를 운영하듯이, 탁월한 전략가가 전쟁에 임하듯이 장사를 했다. 그 기반이 되는 것이 미래를 예측하는 선견지명과 지혜와 용기, 그리고 강단이었다.

이처럼 〈화식열전〉에는 탁월한 거부들의 고사와 함께 부에 관한 분명한 철학을 말해준다. 비슷한 시기 아리스토텔레스를 비롯한 서양의 철학자들은 개인의 부에 대해 부정적이었다. 하지만 동양에서는 부에 대해 부정적이지는 않았다. 동양철학의 시조인 공자도 학문과 수양을 강조했지만, 부자가 되는 것에 대해 부정적으로 말하지는 않았다. 단지 부를 취하기 전에 그 '부가 의로운 것인지를 먼저 생각하라(見利思義, 견리사의)'는 조건을 달았을 뿐이다. 《사기》의 저자 사마천 역시 "사람을 움직이는 동기는 모두 부귀"라고 설파했다.

"현인이 조정에서 논의하고, 선비가 신의를 지켜 높은 명성을 얻으려는 것은 무엇을 위함인가? 결국은 부귀로 귀착되는 것이다. 그러므로 청렴한 벼슬아치도 오래 일하면 부유해지고, 공정한 장사꾼도 결국에는 신용을 얻어 부유해진다. 부라는 것은 사람의 타고난 본성이라 배우지 않아도 누구나 추구하는 것이다."

그에 따르면 세상의 모든 일은 모두 부귀를 얻기 위함이다.

심지어 목숨을 걸고 전쟁에서 싸우는 것도, 범죄를 하고 다른 사람을 해하는 것도 모두 그 목적은 부를 얻고자 함이라고 사마천은 말했다. 부를 추구하는 것은 사람의 본성이기에 배우지 않아도 모든 사람이 행한다는 것이다.

하지만 부를 추구하는 것이 본능이라고 하더라도, 실제로 모든 사람이 돈을 버는 것은 아니다. 어떤 사람은 타고난 본능에 따라 많은 돈을 벌지만 어떤 사람은 있는 부도 모두 잃고 파산한다. 돈을 버는 수단과 방법 역시 모두 다르다. 어떤 이는 정당하고 올바르게 돈을 벌지만 어떤 사람은 온갖 더러운 수단을 동원해서 돈을 벌기도 한다. 돈 자체는 선악이 없지만 어떻게 그것을 추구하는지에 따라서 가치가 달라지는 것이다.

◆

〈화식열전〉에는 사람이 처한 각각의 상황에 따라 부자가 되는 세 가지 비결이 실려 있다. 가장 먼저 '가진 것이 없을 때는 몸으로 노력하라(無財作力, 무재작력)'이다. 자본이 없다면 먼저 몸을 써서 돈을 모아야 한다. 그다음 단계는 '조금 모았으면 지혜를 쓰라(小有鬪智, 소유투지)'이다. 자본을 어느 정도 모았다면 그다음은 지식으로 뒷받침해야 한다. 반드시 공부해야 하는 것이다. 마지막으로 '이미 부자가 됐다면 시기를 이용하라(既饒爭時, 기요쟁시)'이다. 앞서 말했듯이 시간을 이용할 줄 아는 사람이 부자가 될 수 있는 법이다. 물론 처해 있는 상황이 모두 다르므로 반드시 단계를 밟아야 하는 것은 아니다. 하지만 어느 단계에 있어도 실망할 필요는 없다. 단지 현실에 충실하면서 발전해나가면 되는 것이다. 사마천은 이렇게 말한다.

"지금 생활을 영위하는 데 있어서 자신을 위태롭게 하지 않으면서 수입을 얻으려는 것은 현명한 사람이 힘쓰는 일이다. 그러므로 농업으로 부를 얻는 것을 으뜸이라 하고, 장사로 부를 얻는 것은 그다음이며, 간사하고 교활한 수단으로 부를 얻는 것이 가장 저급한 것이다. 반면에 세상을 등지고 깊은 산속으로 들어간 것도 아니면서 벼슬을 하지 않으려는 이상한 사람들의 행동이나 오랫동안 빈천하게 살면서 말로만 인의仁義 운운하는 것 역시 부끄러운 일이다."

물론 그 시대에서 말하는 부의 관점과 지금은 현저하게 다르다. 하지만 올바른 부의 정신은 그때와 지금이 다르지 않다. 부자가 되기 위해 수단과 방법을 가리지 않아서도 안 되지만, 밥벌이도 못 하면서 고상 떠는 것 역시 부끄러운 일이다. 또한 부자가 되는 원칙 역시 크게 다를 바 없다.

　부자가 되는 세 단계의 핵심을 이루는 원동력을 보면 각각 '노력' '지혜' '통찰'이다. 그것과 더불어 범려가 보여주는 올바른 기업가 정신이 합쳐진다면 부자가 되는 가장 확실한 비결이다.

기회는 공평하고,
지식엔 차이가 있다

    탈레스는 "만물의 근원은 물"이라는 주장으로 잘 알려진 그리스 7현 중 한 사람이다. 철학적으로 깊이 들어가지 않더라도 생명의 근원이 물인 것으로 미루어보면, 그의 통찰은 충분히 공감이 간다. 소크라테스보다도 170여 년 전 사람으로 그가 직접 쓴 저서는 전해지지 않는다. 하지만 여러 고전에 실린 탈레스의 이야기를 잘 살펴보면 그의 철학은 가장 현실적이며 실용적이라는 것을 잘 알 수 있다.

    대표적인 것이 무려 기원전 585년에 정확한 일식을 예측했던 일이다. 그림자를 이용해서 피라미드의 높이를 계산해낸 일화도 유명하다. 막대기와 그림자의 길이가 같아지는 시간에 피라미드의 그림자의 길이를 재는 방식으로 피라미드의 높이를 계산해냈던 것이다. 어찌 보면 간단한 원리이지만 그 당시로는 획기적인 방식으로 주위를 놀라게 했다. 이외에도 삼각형의 각도와 변의 길이를 이용해서 바다 위 먼 곳까지의 거리를 계산해냈고, 자석이 쇠를 끌어당기는 현상을 발견하는 등 사람들이 호기심을 가질 만한 현상들의 원리를 밝혀내는데 힘을 기울였다.

물론 오늘날의 과학적인 관점에서 보면 그의 생각은 그 원리가 정확하지 않거나 우연인 것도 많다. 하지만 탈레스는 멀게만 느껴지는 철학이 사실은 사람과 가장 밀접하고, 필요한 학문이라는 것을 깨닫게 한다. 대표적인 것을 들자면 아리스토텔레스가 《정치학》에서 소개했던 탈레스가 돈을 버는 방법이다.

"그는 가난하다고 비난받았는데, 아마도 철학이 무용지물이라는 것을 보여주기 위함이었으리라. 그러자 천문학에 밝던 그는 이듬해에 올리브 농사가 대풍이 들 것을 예견하고, 아직 겨울인데도 갖고 있던 얼마 안 되는 돈을 보증금으로 걸고 키오스와 밀레토스에 있는 올리브유 짜는 모든 기구를 싼값에 임차했다. 그 뒤 올리브 수확철이 되어 올리브유 짜는 기계들이 한꺼번에 많이 필요해지자 그는 임차해둔 기구들을 자신이 원하는 비싼 값에 임차하여 큰돈을 벌었다고 한다. 그리하여 그는 원하기만 하면 철학자들도 쉽게 부자가 될 수 있으나 단지 그것이 그들의 관심사가 아니라는 것을 세상 사람들에게 보여주었다."

지금도 마찬가지지만 그 당시의 사람들도 철학자들을 무능하고 현실감각이 없는 사람들로 보았다. 실생활과는 전혀 관련이 없는, 무용지물과 같은 학문을 하느라 시간을 보내는 사람들이라는 것이다. 쓸데없는 짓을 하느라 시간을 낭비하고 있으니 가난할 수밖에 없지 않느냐며 그들의 가난을 사람들은 비웃었다. 탈레스는 사람들의 그러한 인식에 화가 났던 것 같다. 그래서 가장 확실한 방법으로 그렇지 않다는 것을 증명했다. 짧은 시간에 직접 돈을 벌어 보인 것이다.

"철학을 하는 사람들은 지혜를 추구하는 사람들이기에 돈을 버는 데도 얼마든지 능력을 발휘할 수 있다. 오히려 돈을 좋아하는 사람들보다 더 많은 돈을 벌 수 있지만 하지 않을 뿐이다. 돈이 그다지 매력이 있지도, 돈 버는 일에 관심도 없기 때문이다." 탈레스는 아마 이렇게 말하고 싶었을 것이다.

사람들은 탈레스가 남다른 지혜를 가졌기에 이런 발상을 할 수 있었을 거라고 생각했다. 남을 비난하기는 잘하지만 직접 하지는 못하는 보통 사람들의 한계라고 할 수 있다. 하지만 철학자 아리스토텔레스는 이런 생각은 누구나 할 수 있다고 주장했다. 그 당시에도 많이 사용되던 독점의 원리이므로 누구나 조금만 주의를 기울이면 이러한 원리를 생각할 수 있다는 것이다. 실제로 그 당시 국가들은 돈이 궁하게 되면 이 원리를 사용했는데, 사람들은 미처 이런 생각을 하지 못했다. 아리스토텔레스는 같은 방법으로 돈을 벌어들였던 사람의 예를 이어서 들고 있다.

"그밖에 시켈리아에서도 누군가 자신이 맡아두었던 돈으로 광산의 철광을 모두 사재기해두었던 일이 있었다. 그 후 각처의 시장에서 상인들이 사러 왔을 때 그는 유일한 판매자가 되어 그다지 값을 올리지 않았는데도 50탈란톤(그리스의 가장 높은 화폐 단위)의 투자로 100탈란톤의 이익을 남겼다. 이 사실을 알게 된 참주僭主 디오뉘시오스는 그에게, 번 돈을 갖되 더 이상 쉬라쿠사이에 체류하지 못하게 했다. 돈벌이 방법이 자신의 이해와 어긋난다고 생각했기 때문이다."

그 당시 권력자인 참주들은 이처럼 개인이 과다한 이익을 남기는 것을 바라지 않았다. 많은 돈을 갖게 되면 사병을 모집하는 등 자신에게 위협이 될 수도 있다고 보았기 때문이다.
이러한 방법 역시 독점을 통해 큰 이익을 남기는 것이다. 아리스토텔레스는 개인은 몰라도 정치가들은 이러한 방법을 알고 있는 것이 좋다고 보았다. 국가도 역시 가정 이상으로 재정이 필요하며, 재원을 마련할 방법들이 필요하다고 보았기 때문이다. 원래 아리스토텔레스는 국가는 사람들의 본성상 존재하기 마련이라고 생각했다. 인간은 본성적으로 국가 공동체를 구성하는 동물이라는 것이다. 우리가 잘 아는 '인간은 사회적인 동물이다'라는 명제는 바로 여기서 비롯되었다. 이처럼 필연적이고 유익한 국가는 반드시 존속되어야 하고, 존속되기 위해서는 재산 획득의 기술이 필요한 것이다.

하지만 아리스토텔레스는 개인의 재산 획득에 대해서는 부정적이었다. 사람들의 필요를 충족하기 위한 재산의 획득은 자연스럽고 긍정적이지만, 그 한계를 벗어난 재산 획득의 기술은 바람직하지 않다고 생각했다. 그 원래의 목적을 벗어난 것이기 때문이다.

곡식이 필요한 사람에게는 곡식을, 술이 필요한 사람에게는 술을, 샌들이 필요한 사람에게는 샌들을 주는 것이 바로 물품의 올바른 목적을 준수하는 것이다. 하지만 화폐의 도입으로 인해 이러한 자연스러운 물물교환은 왜곡되었다. 화폐로 인해 사람들은 자신의 필요를 충족하는 데 그치는 것이 아니라 오직 돈을 버는 것에 목적을 두게 되었다. 화폐를 무한히 증식하는 것이 가능해졌고, 사람들이 이에 집중하게 된 것이다. 아리스토텔레스가 특히 가장 부자연스럽고, 심지어 비난받아야 한다고 생각했던 재산 증식 방법은 '대부貸付'였다. 이자를 받는 것은 돈이 돈을 버는 것이므로 심지어 증오의 대상으로까지 생각했다.

물론 오늘날 재테크에서 가장 일반화된 방식이므로 아리

스토텔레스의 생각을 그대로 받아들이기는 어렵다. 재산증식에 대한 그의 생각도 마찬가지다. 단지 우리는 아리스토텔레스가 소개한 탈레스의 재산증식 방법에 대해서는 생각해 보는 것이 좋겠다. 아리스토텔레스는 이것을 독점의 개념이라고 말했지만, 본질로 보면 이것은 지식과 시간의 이용법이라고 할 수 있다.

탈레스는 재산을 증식하는 데 있어서 가장 중요한 것은 남들보다 더 지식을 갖고, 지혜롭게 생각할 수 있는 능력이라는 것을 보여준다. 하지만 그 수단은 특별한 것이 아니라 시간의 이용법이라고 정의할 수 있다. 올리브가 수확되지 않는 겨울에 기계를 사서, 올리브 수확철인 여름이 되어 사람들이 기계를 찾을 때 임대하는 것은 바로 계절적 요인을 이용한 것이다. 여름과 겨울이라는 계절의 특성, 즉 시간을 통찰할 수 있었기에 가능한 것이다.

이로써 보면 부자가 되는 기회는 모든 사람에게 공평하게 주어진다고 할 수 있다. 시간은 누구에게나 공평하게 주어지는 것이니까. 그 어떤 부자도, 높은 지위도, 대단한 능력도, 남다른 지혜를 가진 사람도 남보다 더 많은 시간을 갖지 못한다. 하지만 그 시간을 이용할 줄 아는 사람은 어떤 상황에서도 자신이 원하는 바를 이룰 수 있다.

아리스토텔레스의 주장을 보면 알 수 있듯이 그 당시는 원시적인 물물교환의 시대였다. 그리고 오늘날 가장 보편적인 재산증식의 수단을 부자연스럽고 비난받을 일, 심지어 증오스런 일로 간주하는 것이 시대적 분위기였다. 하지만 그런 상황에서도 탈레스는 새로운 방식으로 당당하게 돈을 벌 수 있었다. 오직 지식과 그로 말미암은 통찰로 남다른 시야를 가질 수 있었기 때문이다. 시대와 상황을 뛰어넘는 탈레스의 지혜는 오늘날의 상황에서도 적용할 수 있다.

만약 부자가 되기 원한다면 환경과 상황을 탓할 것이 아니라 지식과 그 지식을 활용하는 지혜를 갖추어야 한다. 그리고 누구에게나 공평한 시간을 수단으로 삼으면 된다. 지식과 시간은 누구나 가질 수 있는 부의 밑거름이다. 단지 부에 대해 어떤 가치관을 갖느냐에 따라 달라질 뿐이다. 부보다 더 소중한 삶의 가치가 있다면 당연히 그것을 따르면 된다. 하지만 무엇을 추구하더라도 시간의 효용은 달라질 수 없다. 무엇에 시간을 투자하느냐를 결정하는 것은 바로 자신의 주관과 가치관이다. 탈레스는 이렇게 말했다.

"가장 현명한 것은 시간이니, 모든 것을 결국 명백하게 밝히기 때문이다."

제3장

흔들려라

마음은 원래
말을 듣지 않는다

> 가난과 고난과 근심,
> 격정은 그대를 옥처럼 완성한다.
>
> 貧賤憂戚 庸玉汝於成也, 빈천우척 용옥여어성야
> -《근사록》-

인생은 아무리 평탄하게 지낸다고 해도 어느 순간 역경을 겪게 된다. 대부분 스스로 불러들인 것이지만, 나와는 전혀 상관도 없이 뜻하지 않게 닥치기도 한다. 행운이 불행이 되고 불행이 행운이 되는 '새옹지마'의 원리는 누구에게나 적용되는 것이다.

부끄러움을 아는 것이
어른의 조건

맹자는 '부끄러움(恥)의 철학자'라고 불려도 좋을 만큼 부끄러움에 관해 많은 이야기를 했다. 맹자가 말했던 것은 부끄러움 그 자체라기보다는 부끄러움을 아는 사람이 되어야 한다는 주장이다. 부끄러움을 아는 것이 그만큼 사람에게 중요하다는 것인데, 부끄러움을 아는 마음인 '수오지심羞惡之心'으로부터 맹자가 가장 중요시했던 '의義'가 발현되기 때문이다. 심지어 맹지는 목숨보다 더 의를 소중히 여겼다. 《맹자》〈고자 상告子 上〉에서 그는 "물고기도 내가 먹고 싶고, 곰 발바닥 요리도 욕심이 나지만 이 둘을 모두 가질 수 없다면 당연히 물고기는 포기하고 곰 발바닥 요리를 택할 것이다. 삶도 내가 바라는 것이고 의도 내가 역시 바라는 것인데, 이 둘을 함께 취할 수 없다면 삶을 버리고 의를 택한다"라는 유명한 문장을 남기기도 했다.

누구나 삶을 바라는 것은 당연하다. 하지만 삶보다 더 간절히 의를 원하기에 의를 버리면서까지 구차하게 삶을 구하지 않는다는 것이다. 죽음도 역시 누구나 싫어하는 것이지만 죽음보다 더 싫은 것이 있기에 굳이 죽음을 피하지 않는다고 그는 말했다. 삶보다 더 소중한 것이 바로 '의'고 죽음보다 더 싫은 것이 바로 '의'를 벗어나는 것이다. 그리고 그것을 행하기 위한 동력은 바로 '부끄러움을 아는 것'이라고 맹자는 말하고 있다.

맹자는 부끄러움에 대해 이렇게 말하고 있다.

"사람이 부끄러운 마음이 없어서는 안 된다. 부끄러운 마음이 없다는 것을 부끄러워한다면 부끄러워할 일이 없다(人不可以無恥無恥之恥無恥矣, 인불가이무치 무치지치무치의)."

부끄러움이 있을 수밖에 없는 사람의 연약함을 인정하되, 단지 그것을 고치기 위해 노력하면 된다는 것이다. 또 이렇게 말하기도 했다.

"부끄러움은 사람에게 아주 중요하다. 교묘하게 기교나 재주를 부리는 자들은 부끄러움을 사용하는 일이 없다. 부끄러워하지 않는 점이 남과 같지 않은데, 어떻게 남과 같을 수 있겠는가?

(恥之於人大矣 爲機變之巧者 無所用恥焉 不恥不若人 何若人有, 치지어인대의 위기변지교자 무소용치언 불치불약인 하약인유)."

맹자는 이러한 주장들을 통해 부끄러움이란 사람을 바르게 살도록 이끄는 중요한 감정이라는 것을 말하고 있다. 또한, 설사 나쁜 일을 했을지라도 그 일을 부끄러워할 수 있다면 자신을 바로잡고 잘못을 고칠 수 있다고 말한다. 실제로 동양의 철학자들은 모두 이러한 관점을 가지고 있었다. 공자는 "잘못이 있어도 고치지 않는 것, 그것이 바로 잘못이다(過而不改 是謂過矣, 과이불개 시위과의)"라고 했고, 심지어 자신의 근심거리 네 가지를 말하면서 '잘못을 고치지 못하는 것'을 그중의 하나로 꼽기도 했다. 유교의 시조이자 깊이를 가늠하기 힘든 대철학자의 고백으로는 너무 사소하게 여겨진다. 하지만 여기서 새겨야 할 지점이 있다. 스스로 부족하다는 것을 인정하고, 딘지 얼심히 노력할 뿐이라는 진정한 성찰의 지세는 그 누구라도 결코 쉬운 일이 아니다. 하지만 바른 삶을 살고자 하는 사람들에게는 반드시 해야 할 일이다.

이들 두 철학자는 모두 사람이 본성적으로 가지는 한계를 인정하고, 잘못을 저지르는 것보다 잘못을 고치는 데 더 큰 중점을 둔다. 이러한 관점은 서양의 철학자들도 같다. 동서고금을 막론하고 진리를 추구하는 것은 한 방향이지만, 단지 문화적 지역적 차이로 인해 부끄러움의 대상과 방법은 미묘한 차이가 있다.

———————————— ◆ ————————————

아리스토텔레스는 '부끄러움aidōs'을 자유인의 중요한 덕목이라고 생각했다. '자유인'이란 그 당시 노예가 아닌 건전한 시민을 말한다. 남이 시켜서 하는 것이 아닌, 자신의 모든 결정을 자기 주도적으로 할 수 있는 사람이다. 특히 그는 자유인의 자격을 돈에 대해 어떤 관점을 가졌는지로 판단했다. 돈을 얼마나 가치 있게 좋은 일을 위해 아낌없이, 하지만 가장 합당하고 적절하게 쓸 수 있느냐가 자유인의 조건이라는 것이다. 즉 자유인이란 돈의 노예가 아닌 돈으로부터 자유로운 사람이다.

이런 사람은 자신의 존재에서, 그리고 행위에서 부끄러운 일을 하지 않는다. 물론 그는 '부끄러움' 그 자체를 훌륭한 사람의 조건인 '탁월성'으로 간주하지는 않았다. 부끄러움은 품성의 상태라기보다 감정에 더 가깝기 때문이다. 따라서 그는 부끄러움은 경륜이 있는 노인이 아니라 젊은이에게 더 잘 어울리는 덕목이라고 생각했다.

"부끄러움의 감정은 모든 연령층에 어울리는 것은 아니며, 젊은 이들에게 어울리는 것이다. 우리는 바로 그런 나이의 사람들이 수치를 알아야 한다고 생각하는데, 그것은 그들이 감정에 치우쳐 많은 잘못을 저지르며, 부끄러움에 의해 제어되어야만 하기 때문이다. 또 젊은이 중에서 부끄러움을 아는 사람들은 칭찬하지만, 나이 든 사람이 부끄러움을 안다고 해서 칭찬하는 사람은 아무도 없다. 나이 든 사람은 애초에 부끄러움을 불러일으킬 그 어떤 일도 해서는 안 된다고 생각하기 때문이다."

동양의 사고관과는 달리 아리스토텔레스는 부끄러움에 대해 대단히 엄격하다. 그는 아직 경험이 적고 경륜이 무르익지 않은 젊은이들은 부끄러운 일을 저지를 수 있지만, 나이 든 사람은 그 어떤 부끄러운 일도 해서는 안 된다고 말한다.

이러한 생각은 오늘날의 세태에 던지는 시사점이 크다. 오늘날은 젊은이들보다는 나이 든 사람들이 오히려 더 부끄러운 행태를 보이는 경우가 많다. 설익은 자신의 지식과 경험을 내세우며 "나 때는 말이야"를 자랑스레 되뇌고, 주변에서는 심지어 그것을 용인하는 분위기를 보인다. 나이가 많은 것이 경우에 어긋나는 말과 행동의 면죄부로 생각하고 당연시하는 것인데, 부끄럽고 참담한 일이다.

"또 부끄러움은 그것이 나쁜 행위로 인해 일어나는 한, 훌륭한 사람이 가질 감정이 아니다. 그들은 그런 행동을 해서는 안 되기 때문이다. 이런 행위들은 그것이 참으로 부끄러운 일이든 생각에만 그치든 아무런 차이가 없다. 둘 중 어느 쪽이든지 해서는 안 되며, 그래서 부끄러워하지 말아야 하기 때문이다."

아리스토텔레스는 훌륭한 사람은 아예 그런 일을 해서는 안 된다고 했다. 부끄러움이란 자신이 해서는 안 될 일을 했다는 자각에서 비롯되는 감정이기 때문이다. 심지어 생각조차 해서는 안 된다고 엄격하게 금하고 있다. 설사 잘못된 일을 하고 부끄러워한다고 해서 스스로 훌륭한 사람이라고 생각해서는 더더욱 안 된다.

◆

오늘을 사는 우리는 서양의 엄격함보다는 동양의 관대함이 좀 더 편히 받아들일 수 있겠다. 하지만 그 역시 결코 쉬운 일은 아니다. 이미 공자나 맹자와 같은 성인들도 그것이 어렵다는 것을 솔직히 인정하지 않았는가. 단지 우리는 언제든지 부끄러운 일을 저지를 수 있는 존재라는 것을 인정할 수 있어야 한다. 부끄러움은 한자로 '치恥'라고 하는데, 풀이해보면

'귀 이(耳)'와 '마음 심(心)'으로 이루어져 있다. '귀로 자기의 마음의 소리를 듣는다'는 뜻이다. 은밀히 있는 자기 마음의 소리를 들어보면 자신이 부끄러운 일을 했다는 것을 자각할 수 있다. 그리고 자신의 잘못을 반성하고 고치는 용기가 있어야 한다. 진정한 용기란 부끄러운 나의 모습을 있는 그대로 볼 수 있는 것이다. 자존심, 자만심, 자기연민, 자기합리화, 나를 꾸미고 싶은 모든 허식을 버리고 있는 그대로의 모습으로 서는 것이다.

스스로 나는 부족하다는 인식, 그것을 있는 그대로 들여다볼 수 있는 자세. 이러한 겸손과 솔직함을 바탕으로 자신을 돌아보는 일을 멈추지 않을 때 하루하루 나아지는 자신을 만들어갈 수 있다. 결국, 부끄러움이란 우리가 성장할 수 있는 동력이다. 우리가 사람답게 살고 있다는 증거다. 그 시작은 나만의 시간을 갖는 것이다. 이른 새벽 시간, 나만의 동굴에서 예전의 '나'를 만날 때, 새로운 '나'를 시작할 수 있다.

솔직하게 바라보고,
겸손하게 인정하라

'성찰省察'. 과거 뛰어난 선비들이 스스로 수양하고 정진하기 위해 취했던 기본적인 삶의 자세를 뜻하는 말이다. 국어사전에서는 "자신의 일을 반성하며 깊이 살핌"이라고 풀이하고, 한자 사전에서는 "허물이나 저지른 일들을 반성하며 살피는 것"이라고 설명하고 있다. 두 사전 모두 반성이라는 말과 살피는 것이라는 의미가 공통으로 들어가 있다.

이로써 보면 성찰은 과거의 선비만이 아니라 오늘날을 살아가는 우리에게도 가장 절실한 말이다. 진실하게 자신을 돌아보기보다는 남을 헐뜯고 공격하는 데 성찰이라는 단어를 무기로 사용하는 세태이기 때문이다. 자신은 전혀 성찰이라는 단어와 어울리지 않는 삶을 살면서, 정적이나 반대편에는 성찰하라고 꾸짖는 모습을 우리는 많이 보게 된다. 이 말을 하는 내면을 짐작해보면 '왜 내 편을 들지 않는가?'라는 마음이 고스란히 드러난다.

한자를 보면 '성省'은 '적을 소(少)'와 '눈 목(目)'으로 구성된다. '눈을 가늘게 뜨고 자세히 살핀다'는 의미다. 사람들이 집중해서 무언가를 볼 때 나오는 모습이다. '찰察'은 집의 머리를 뜻하는 '갓머리(宀)'와 '제사 제(祭)'로 구성된다. 제사를 지내는 장소와 자세는 가장 경건하고 정성스러워야 하는 만큼 역시 조심스럽게 잘 살펴서 행해야 한다. 결국, 성찰은 자신을 객관적으로 볼 수 있는 솔직함과 자신의 부족함을 인정할 수 있는 겸손함과 자신의 잘못을 즉각 고칠 수 있는 실천 정신을 기본으로 한다. 이러한 자세가 바탕이 될 때 진정한 성찰이 될 수 있고, 자신의 삶을 더욱 가치 있게 만들어갈 수 있다.

◆

서양철학의 시조라고 할 수 있는 소크라테스는 "성찰하지 않는 삶은 살 가치가 없다"라고 잘라 말했다. 삶의 진정한 가치와 의미를 성찰에 둔 것이다. 소크라테스가 말했던 성찰은 "나 자신은 아무것도 아는 것이 없다. 단지 아는 것은 내가 모른다는 사실이다"라는 '무지의 지'를 핵심으로 한다. 이처럼 자신의 무지를 깨닫는 것은 바로 진리를 찾는 첫걸음이 된다. 그 바탕이 되는 것이 생각이다. 그리고 그 수단은 질문과 대화다. 생각을 통해 세상의 진리를 알고, 질문을 통해 자신은 물론 다른 사람들의 무지를 깨닫고, 진리를 찾는 여정을 시작했던 것이다.

동양철학은 성찰의 의미를 자기수양에 두었다. 먼저 나 자신을 바르게 하고, 그것을 바탕으로 세상을 바로잡기 위해 노력해야 한다는 것이다. 사서삼경 중의 하나인 《대학大學》의 핵심적인 구절은 우리가 잘 알고 있는 '수신제가치국평천하修身齊家治國平天下'다. 먼저 자신과 집안을 바르게 수양한 다음에 나라를 다스려야 종국에는 천하가 평안해질 수 있다는 것이다. 여기까지는 우리가 잘 아는 내용인데, 《대학》에는 수신의 전 단계로 네 가지가 나온다. 바로 '격물치지성의정심格物致知誠意正心'다. 세상의 이치를 궁구하여 지식을 충실하게 하고, 그다음 반드시 올바른 뜻을 세우고 바른 마음을 가져야 한다. 이렇게 할 때 개인의 수양이 완전해질 수 있고, 세상을 향해 나아갈 자격이 생긴다. 이런 과정을 충실히 하기 위해 반드시 갖춰야 할 것이 바로 성찰의 자세이다.

성인이 아닌 다음에야 완벽한 사람은 없다. 날마다 잘못을 저지르고 후회하는 것이 바로 평범한 우리의 모습이다. 이처럼 잘못을 저지를 수밖에 없는 한계를 벗어날 수 없기에, 성찰하는 자세가 필요하다. 하루하루를 살아가면서 어쩔 수 없이 크고 작은 잘못을 저지르지만, 그 잘못을 딛고 한 단계 더 성장하기 위해서는 반성하는 자세를 가져야 한다.

───────────────◆───────────────

공자의 제자이자 유학의 계승자로 꼽히는 증자는 제자 중에서 좀 우둔한 측에 속했다. 《논어》〈선진先進〉에서 "삼(증자)은 둔하다(參也魯, 삼야로)"라고 말했던 것을 비롯하여, 《사기》 등 많은 고전에서 공자가 제자의 우둔함을 한탄하는 장면이 나온다. 학문의 진전도 느리고 너무 우직하여 융통성도 없는 모습을 공자는 안타깝게 여겼던 것이다. 이처럼 초기에는 인정받지 못했으나 증자는 미련할 정도로 스승의 가르침을 열심히 배우고 실천하여 유학의 계승자가 될 수 있었다. 그런 모습을 보여주는 고사 하나가 《논어》〈학이學而〉에 실려 있다.

"나는 날마다 세 가지 점에 대해 나를 반성한다. 남을 위해 진심을 다하지 못한 점이 없는가? 벗을 사귀면서 신의를 지키지 못한 점이 없는가? 배운 것을 제대로 익히지 못한 것은 없는가?"

증자가 말했던 세 가지는 바로 충실함(忠), 믿음(信), 그리고 배움(學)으로 공자가 항상 강조하던 세 가지였다. 스승의 가르침을 따라 이 세 가지에 부족했던 점이 없는지 증자는 스스로 돌아보며 자신을 가다듬었던 것이다.

여기서 우리가 더 중점적으로 새겨야 할 것은 바로 증자가 날마다 반성했다는 점이다. 스승의 핵심 가르침에서 자신의 부족한 점을 날마다 반성했다는 것은 자신의 성장을 멈추지 않았다는 것이다. 어제보다 더 나은 오늘, 오늘보다 더 나은 내일을 얻을 수 있는 최선은 날마다 자신을 돌아보고 반성하고 고쳐나가는 것이다.

이를 위해 필요한 것은 '신독愼獨'의 자세다. 신독은 여러 고전에 거듭해서 실려 있는데, 스스로를 속이지 않고 성찰하기 위해 '혼자 있을 때 더욱 삼간다'는 뜻이다. 《대학》에, "이른바 성의誠意라는 것은 자기를 속이지 않는 것이다. 마치 악취를 싫어하고 미인을 좋아하듯 하는 것이니, 이를 스스로 만족한다고 한다. 그러므로 군자는 반드시 홀로 있는 데서 삼간다"라고 한 것과, 《중용》에 "감춘 것보다 잘 드러나는 것이 없고, 작은 것보다 잘 보이는 것이 없다. 그러므로 군자는 홀로 있는 데서 삼간다"고 한 것이 대표적인 구절이다.

다산 정약용은 《심경밀험心經密驗》에서 이 구절에 대해 이렇게 다른 의견을 달았다.

"원래 '신독'이라는 것이 자기 홀로 아는 일에서 신중을 다해 삼간다는 것이지, 단순히 혼자 있는 곳에서 삼간다는 것을 말하는 것이 아니다. 사람이 방에 홀로 앉아서 자신이 했던 일을 묵묵히 되짚어보면 양심이 드러난다. 이것은 방안 어두운 곳에 있으면 부끄러움이 드러난다는 것이지, 어두워 보이지 않는 곳에서 감히 악을 행해서는 안 된다는 뜻이 아니다.

사람이 악을 행하는 것은 늘 사람과 함께 하는 곳에서다. 요즘 사람들이 신독, 두 글자를 인식하는 것이 분명하지 않기 때문에, 때로 어두운 방에 있으며 옷깃을 바르게 하고 단정히 앉아 있을 수 있다고 해도 매번 다른 사람과 교제하는 곳에서는 비루한 거짓말을 행한다. 그러면서도 '사람들이 모르고 하늘이 듣지 못한다'고 말하니 어찌 신독이 그와 같겠는가?"

다산은 혼자 있을 때 단정히 하는 데에서 한 걸음 더 나아갔다. 신독은 당연한 것이고, 오히려 사람들과 함께 하는 시간에 마음속으로 악을 행하지는 않는지 스스로 돌이켜 생각해보라는 것이다. 이로써 보면 신독이란 조용한 새벽 시간 홀로 자신을 돌이켜보는 차원을 넘어 삶의 모든 순간에 취해야 하는 자세다. 세상에 뜻을 펴기 위해 자신을 지키고 성장시키는 소중한 덕목인 것이다.

내면의 충실함을 갖추고, 진실하게 자신을 드러내어 남을 배려하는 모습은 자기수양과 공부로 얻을 수 있다. 그 시작은 날마다, 순간마다 진실한 자신의 모습을 냉철하게 볼 수 있는 신독의 자세를 갖는 것이다.

눈을 가늘게 뜨고 일상의 언행을 살피고, 날마다 반성하는 시간을 갖고, 다른 사람의 잘못을 찾기보다는 먼저 자신의 부족함을 돌이켜볼 수 있다면 충실한 삶, 다른 사람에게 원망을 받지 않는 배려의 삶을 살 수 있을 것이다. 이것이 바로 성찰하는 삶의 모습이며 성장은 그 결실이다.

삶을 얼마나
가치 있게 만들 것인가

"말을 알지 못하면 사람을 알 수 없다(不知言 無以知人也, 부지언 무이
지인야)."

《논어》의 맨 마지막 문장이다. 말의 중요성을 강조한 문장
이지만 여기서 방점은 '사람'에 찍힌다. 사람을 알기 위해서
는 반드시 말에 대한 이해와 통찰이 있어야 한다는 것이다.
즉 사람을 아는 것은 목적, 말을 아는 것은 수단이라고 할 수
있다.

이처럼 사람을 아는 것은 오래전 동양의 철학자들에게 깊
은 사색과 성찰의 대상이 되었다. 그중 가장 잘 알려진 것은
도가의 철학자 노자의 말일 것이다. 노자는 《도덕경道德經》에
서 이렇게 말했다.

"다른 사람을 아는 것은 지혜이고 나 자신을 아는 것은 명철함
이다(知人者知 自知者明, 지인자지 자지자명)."

평범한 사람이 다른 사람을 아는 지혜를 갖는 것은 결코 쉬
운 일이 아니다. 사람과 인생에 대한 넓고 깊은 공부가 있어
야 가능하기 때문이다. 하지만 자신을 아는 것은 그와는 차원
이 다르다. 자기를 아는 것은 사람의 본성과 마음에 대해 깊
은 이해와 명철함이 있어야 한다. 단순히 지식만으로는 안 되
며 하늘이 준 지혜, 밝음(明)이 필요한 것이다. 자신을 바르게
보는 데 어려움을 겪는 것은 본성에 휘둘리기 때문이다. 그리
고 마음의 왜곡이 있기 때문이다. 교만, 자존심, 자기애, 자
기연민, 비교의식 등 이 모두가 나를 정확히 보는 데 장애가
된다.

노자는 이 글의 다음에 "다른 사람을 이기는 자는 힘이 있
지만, 스스로를 이기는 것이 진정한 강함이다(勝人者有力 自勝
者強, 승인자유력 자승자강)"라고 말했다. 자기를 아는 것의 조건
이자 이유를 말해주는데, 단순히 아는 데 그쳐서는 안 되며
반드시 자신을 극복할 수 있어야 한다. 본성과 마음의 제약을
뛰어넘을 수 있어야 그다음 차원까지 갈 수 있는 것이다.

자기를 아는 것의 다음은 자기를 사랑하는 것이다. 사람들
은 누구나 자신을 사랑한다. 하지만 제대로 사랑하는 데는 조

건이 있다. 반드시 자기를 바르게 아는 것이 바탕이 되어야
한다. 그것을 말해주는 고사가 《순자》에 실려 있다.

방에 들어서는 자로에게 공자가 물었다.
"지혜로운 자는 어떠하며, 어진 자는 어떠하냐?"
자로가 대답했다.
"지혜로운 자는 사람들이 자기를 알도록 하며, 어진 자는 사람
들이 자기를 사랑하도록 합니다.
공자가 대답했다.
"선비라 할 수 있겠구나."
자로가 물러나고 자공이 들어오자 공자가 같은 질문을 했다.
"지혜로운 자는 사람을 알고, 어진 자는 사람을 사랑합니다."
"선비다운 군자라 할 수 있겠구나."
자공이 물러나고 안회가 들어왔다.
공자가 같은 질문을 하자 안회가 대답했다.
"지혜로운 자는 자신을 알고, 어진 자는 자신을 사랑합니다."
"가히 명철한 군자라고 할 수 있겠구나."

자로와 자공, 그리고 안회는 공자의 가장 뛰어난 제자들이
다. 모두 공자의 현명한 제자 열 명(孔門十哲, 공문십철)에 속한
다. 그중에서 안회는 공자가 "나보다 더 낫다"고 인정했을

정도로 뛰어난 공자의 수제자였다. 여기서 자로는 학자로서 가장 기본인 '선비(士)'로, 자공은 그 위의 단계인 '선비다운 군자(士君子)'로, 안회는 최고의 단계인 '명철한 군자(明君子)'로 인정받았다.

자로는 용맹하고 걸출한 인물이었다. 공자를 만나기 전에는 칼을 차고 다니며 한량처럼 생활했고, 제자가 되고서도 옛 버릇을 버리지 못해 공자의 걱정거리가 되었다.

위의 고사에서 자로는 '지혜로운 자(知者)는 사람들이 자신을 알도록 하며, 어진 자(仁者)는 사람들이 자신을 사랑하도록 한다'고 대답했다. 여기에는 자기중심적인 생각이 바탕이 된다. 물론 자로의 관점에서는 대장부로 태어나 이름을 떨치고, 사람들로부터 존경을 받는 것이 삶의 목표가 될 정도로 중요할 수도 있다. 하지만 공자가 보기에는 자기를 과시하려는 교만과 욕심이 담겨있는 것이다. 그래서 자로는 선비이기는 하나 군자에는 미치지 못하다는 평가를 받았다.

자공은 공자의 제자 중에서 가장 세속적인 성공을 거두었던 인물이었다. 탁월한 말솜씨와 외교술로 노나라를 위기에서 구해내기도 했고, 재리에 밝아서 큰 부를 쌓기도 했다. 때문에 자공은 당시 세속적 성공을 꿈꾸는 사람들로부터는 오히려 공자보다 더 인정과 존경을 받기도 했다.

위의 고사에서 자공은 공자로부터 '사군자', 즉 선비다운 군자로 칭함을 받았다. 자공은 예전에는 공자로부터 군자로 인정을 받았던 적이 별로 없었다. 말은 잘하고 능력은 뛰어나지만 학문과 수양에서는 부족하다는 평가를 항상 받았는데, 여기서는 군자로 칭함을 받았다. '사람을 알고 사람을 사랑하는 것'이라는 대답이 군자가 될 자격이 된다는 것이다. 하지만 공자는 이 단계를 최고의 단계로 인정하지 않았다. 이러한 자세가 이타적이고 훌륭하기는 하지만, 탁월한 군자가 되기에는 미치지 못한다는 것이다.

그다음 공자로부터 최고의 단계인 '명철한 군자'로 인정받은 안회는 공자로부터 '진정한 군자'로 인정받았던 몇 안 되는 제자 중의 한 사람이었다.

스승으로부터 높은 평가를 받았지만 교만하지 않았고, 언제나 겸손하게 공자의 가르침을 성실하게 따랐다. 극심한 가난 속에서도 비굴하지 않았고, 세상의 권위에 흔들리지 않았다. 무엇보다도 학문을 좋아해서 끊임없이 배움의 자세를 견지했던 인물이었다. 안회는 공자가 추구했던 '자기완성'을 위해 끊임없이 노력하는 자세를 보였기에 공자로부터 최고의 찬사를 받을 수 있었던 것이다.

위의 고사에서 안회는 "지혜로운 자는 자신을 알고, 어진 자는 자신을 사랑합니다"라고 대답했다. 여기서 안회가 말했던 '나 자신을 안다'는 것은 자기성찰의 자세를 말한다. 나의 부족함을 알고, 더 나은 나를 만들기 위해 노력하는 것이다. 이런 사람이 자신을 올바르게 세울 수 있고, 다른 사람을 제대로 알 수 있는 법이다. 또 '자기를 사랑하는 것'은 흔히 알듯이 나의 이익만을 추구하는 것이 아니고 자기 연민에 빠지는 것도 아니다. 또한, 자기도취에 빠지는 것도 아니다. 자신의 소중함을 아는 진정한 자존감과 자기애自己愛를 갖는 것이다.

◆

심리학자 에이브러햄 매슬로는 인간의 욕구를 다섯 단계로 나눈 '욕구 5단계 이론'을 주창했다. 가장 기본적인 욕구인 생리적 욕구를 시작으로 안전 욕구, 사회적 욕구, 존중의 욕구, 자아실현의 욕구로 구분된다. 오늘날 우리 사회는 나 자신을 높이고 사람들로부터 인정을 받는 존중의 욕구를 얻는 데 모든 노력을 기울인다. 그것을 최종 목표로 삼는 것이다. 하지만 진정한 자아실현은 내가 무엇이 되고, 무엇을 얻었는지가 아니라 내 삶을 얼마나 가치 있게 만드느냐에 달려 있다.

진정으로 자신을 사랑하는 사람은 자기 삶의 가치를 높이기 위해 노력한다. 그리고 그 기반이 되는 것이 바로 나를 아는 것이다. 나의 본모습을 정확하게 보고, 부족한 점을 솔직하게 인정하고, 그것을 채우기 위해 끊임없이 노력하는 사람은 바로 자신을 사랑하는 사람이다. 그리고 자기를 사랑하는 그 사랑으로 다른 사람을 배려하고 사랑을 나누는 것, 그것이 바로 사랑의 완성이다.

평이함과
평범함의 가치

"문장이 경지에 이르면 별다른 기발함이 있는 것이 아니라 다만 적절할 뿐이고, 인품이 경지에 이르면 별다른 특이함이 있는 것이 아니라 다만 자연스러울 뿐이다(文章做到極處 無有他奇 只是恰好 人品做到極處 無有他異 只是本然, 문장주도극처 무유타기 지시흡호 인품주도극처 무유타이 지시본연)."

좋은 문장을 쓰려면 어떻게 해야 하는지를 말해주는《채근담菜根譚》의 글이다. 좋은 글에 대해 흔히 갖는 사람들의 환상을 깨뜨리는 글이라고 할 수 있다. 진정한 좋은 글이란 눈을 현혹하고 마음을 요동케 하는 것이 아니라 잔잔한 감동을 주는 글이다. 얼핏 보기에 평범한 것 같지만 읽으면 읽을수록 깊은 맛이 우러나고, 시간이 지나도 계속 마음에 남아 있다. 그래서 어느 순간 또 손에 쥐고 읽고 싶은 것이다.

뒤의 문장은 품격과 인품의 사람이 보여주는 모습이다. 역시 우리가 가진 위대한 인물에 대한 환상을 깨뜨린다. 위대한 사람은 반드시 지위가 높고 명성이 널리 알려져야 하는 것은 아니다. 학문의 경지가 남다른 것도 아니다. 흔히 착각하듯이 그에게는 후광이 있는 것도 아니다. 어떤 일을 하든지 자기 일에 충실하고, 기본이 단단히 서 있는 깊은 내공의 사람이다. 굳이 드러내려고 하지 않지만 작은 행동 하나하나에서 어른다움이 묻어난다. 주위에서 흔히 볼 수도 있는 사람이지만, 매일 접하는 사람들로부터 존경을 받는다.

감히 범접하기 어려운 위대한 사람을 실제로 접해도 마찬가지다. 그들의 모습은 의외로 소탈하고 친근하다. 자기 명성을 내세우며 거만을 떨거나 위화감을 조성하지 않는다. 단지 때와 상황에 맞게 처신하되 그 근본은 잊지 않는다.

"군자는 모습이 세 번 바뀐다. 멀리서 보면 위엄이 있고 가까이 다가가면 온화하고 그 말은 엄정하다."

제자인 자하가 공자의 모습을 두고 한 말이 정곡을 찌른다.

"요즘 사람들은 도에 대해 평이해야 한다고 말하지만, 그 평이한 곳에 이르기가 얼마나 어려운지 모른다. 옛 습관에 매여 있으니 어떻게 떨쳐 배울 수 있겠는가? 비유하자면 글을 쓰는 것과 같다. 기발하게 꾸민 글은 쓰기 쉽지만 평이하고 담백한 글은 쓰기 어렵다. 그러나 반드시 그 기발하게 꾸민 글에서 벗어나야 평이하고 담백한 글을 쓸 수 있다. 높고 험난한 곳에서 낮은 곳으로 내려가는 것은 매우 어렵다."

주자가 했던 말로 《주자어류朱子語類》에 실려 있다. 글을 쓰는 것은 자기 생각을 글로 드러내는 것이다. 다른 사람에게 자기 생각을 전해주어 세상에 선한 영향력을 끼치고자 하는 것이다. 물론 작가들이 각자 글을 쓰는 이유는 다양하겠지만, 대부분의 작가는 글을 쓰는 목적이 바로 거기에 있을 것이다.

따라서 좋은 글을 쓰려면 반드시 먼저 해야 할 일이 있다. 바로 나 자신의 생각이 온전히 채워져야 한다. 내 생각이 온전하지 못하면 기교에 의존하게 되는데, 단순히 꾸미고 치장하여 겉보기에 달아 보이는 글은 그 의미와 가치가 깊지 않다.

다산 정약용도 글에 대해 말했던 적이 있는데 핵심을 찌른다. "좋은 문장을 쓸 수 있다면 모든 것을 버려도 좋다"며 배움을 청하러 온 이인영이라는 젊은이에게 해주었던 가르침이다.

"문장이란 무엇일까? 학식이 안으로 쌓여 그 아름다움과 멋이 겉으로 드러나는 것이다. 기름진 음식을 배불리 먹으면 몸에 윤기가 흐르고, 술을 마시면 얼굴에 홍조가 피어나는 것과 다름이 없는데 어찌 갑자기 이룰 수 있겠는가? 중화의 덕으로 마음을 기르고, 효우의 행실로 성품을 닦아 공경함으로 지니고 성실로 일관하되, 변함없이 노력해야 한다. 사서四書로 몸을 채우고, 육경六經으로 식견을 넓히며, 역사서로 고금의 변화에 통달해야 한다."

몸에 윤기가 흐르는 것은 몸에 영양이 가득 채워져 건강함이 겉으로 드러나는 것이다. 술을 먹으면 얼굴이 붉어지는 것도 알코올 성분이 혈관을 채워서 그런 것이다. 바로 그런 것이 진정한 글의 이치다. 내가 말하고자 하는 것이 내면에 채워지지도, 차곡차곡 정리되지도 않은 글은 나의 마음과 생각에서 나오는 것이 아니다. 그래서 글이 어려워지고 사람들이 보기에 엉성한 것이다.

다산은 문장에 대해 말했지만, 사람됨도 이와 마찬가지다. 부와 지위, 명예와 권세는 모두 겉을 꾸미는 일이다. 이를 드러내며 자신을 내세워도 내면의 깊이가 없다면 실속이 없다. 인격과 품격이 뒷받침하지 않는 외양은 곧 무너지고 만다. 잠깐 빛을 낼지 몰라도 곧 사그라든다. 내실이 없는 겉치레는 허망하기 때문이다.

글을 예로 들었지만, 주자가 말해주고자 했던 것도 역시 도를 추구하는 사람의 진정한 모습이다. 진정한 인품, 즉 내공이란 평이함과 평범함에 바탕을 두고 있다. 따라서 위대한 이상을 추구하는 사람일수록 일상의 충실함을 존중한다. 평범한 일상에 충실하지 않으면서 높은 이상만 외치는 것은 공허한 허상에 불과하다.

마찬가지로 위대한 작품을 꿈꾸는 사람일수록 평이함의 가치를 소중히 한다. 남다른 특별함이 진정한 가치가 아니라 평이하면서도 간결함이 진정한 아름다움이라는 사실을 잘 안다. 만약 높은 차원에 오르기 위해 화려하고 교묘한 기교에 빠지게 되면 다시 평이하고 담백한 차원으로 돌아가기는 어렵다. 도를 추구하는 것도 마찬가지고 글도 그렇다.

사람들은 주목을 받고 관심을 끌려고 남다른 것을 끊임없이 추구한다. 물론 치열한 경쟁 사회에서 남다름은 좋은 차별성이 된다. 하지만 지나치면 보편성을 잃고 복잡해진다. 일시적인 흥밋거리가 되어 금방 사라져버리는 것이 대부분이다. 모든 사람, 모든 사물은 극치에 다다르면 단순해지고 본질에 충실해진다.

미켈란젤로는 "아름다움이란 모든 과잉을 제거한 것"이라고 말했다. 모든 겉치레와 군더더기를 제거하고 단순화할 수 있어야 진정 아름답다. 결국 사라지지 않고 남는 것은 모든 사람이 공감하는 평이함, 시대와 상황이 변해도 바뀌지 않는 보편성이다. 삶도 마찬가지다, 그 어떤 위대한 이상을 추구하더라도 그 바탕은 평범한 일상이다.

《논어》〈헌문憲問〉을 보면, 공자가 "나를 알아주는 사람이 없다"고 한탄하는 장면이 나온다. 자공이 의아해서 "어찌 사람들이 스승님을 몰라주겠습니까?"라고 묻자 공자는 이렇게 대답했다.

"하늘을 원망하지 않고, 다른 사람을 탓하지 않는다. 일상의 일을 배워서 심오한 이치에까지 도달했으니(下學而上達, 하학이상달), 나를 알아주는 것은 저 하늘이로다!"

지극히 높은 공자의 학문이지만 그 바탕은 바로 일상의 삶이었다. 그 어떤 높은 이상도 충실한 일상에서 시작된다.

탁월한 사람이 되고 싶다면 지금 하고 있는 일에, 평범한 일상에 최선을 다해야 한다. 《채근담》에는 "작은 일을 소홀히 하지 않고, 보이지 않는 곳에서도 속이거나 숨기지 않고, 실패했을 때도 포기하지 않으면, 이것이 진정한 영웅이다"라고 실려 있다. 이로써 보면 지극히 평범한 사람이 위대해질

방법이 있다. 바로 기본에 충실하며 일상에 최선을 다하는 것
이다. 하루하루 평범한 듯 지나지만 이러한 일상이 쌓여 위대
함이 된다. 그 시작은 새벽이다.

고난과 역경은
삶의 축복이다

인류 최고의 역사서로 꼽히는 《사기》의 저자 사마천은 마흔 여덟의 나이에 '궁형宮刑'이라는 형벌을 받는다. 생식기를 뿌리째 절단하는, 죽음보다 더 참혹한 형벌이었다. 차라리 죽음을 택하는 것이 더 나을 상황이지만 그는 죽음보다는 삶을 택했다. 자신의 책을 완성하기 위해 남은 인생을 포기할 수 없었던 것이다. 그 심경을 책의 서문 격인 〈보임소경서報任少卿書〉에 이렇게 남겼다.

"옛날 주문왕은 감옥에 갇혀 있는 동안 《주역》을 만들었다. 공자는 진나라에서 어려움에 처했을 때 《춘추春秋》를 만들었다. 굴원은 초나라에서 추방되자 〈이소경離騷經〉을 만들었다. 좌구명은 장님이 되고서 《국어國語》를 만들었다. 손빈은 다리가 끊기고서 《병법兵法》을 만들었다. 여불위는 촉나라에 귀양 가서 《여람呂覽》

《여씨춘추》)을 만들었다. 한비는 진나라에 사로잡힌 몸으로 〈세난說難〉〈고분孤憤〉 등의 문장을 만들었다. 시 삼백 편도 거의가 현인, 성인들의 발분으로 만들어진 것이다. 이렇듯 이 모두가 한스러운 마음의 소치이며, 그 한을 풀길이 없어 과거를 돌이켜보고 미래를 굽어보게 된 것이다."

사마천의 이 글에서 보면 역사상 최고의 걸작으로 꼽히는 훌륭한 책들은 모두 고난 속에서 만들어졌다는 것을 알 수 있다. 하지만 꼭 책이 아니라 인류 역사의 획을 그은 사람들은 어떤 분야든 혹독한 역경의 과정을 거친 사람들이다. 훌륭한 인물이 되려 일부러 고난에 뛰어들 필요는 없겠지만, 고난은 더 위대한 것을 이루게 하는 동력이 될 수 있다는 것을 우리는 그들의 삶을 통해 알 수 있다. '젊어서 고생은 사서도 한다'는 말을 굳이 거론하지 않더라도, 수많은 현인은 모두 고난은 또 하나의 축복이라고 자신의 삶을 통해 증명하고 있다.
전국시대라는 참혹한 전쟁의 시대에 맹자는 좋은 세상을 만들기 위해 투쟁했던 철학자였다. 그는 사랑과 정의로 다스려지는 나라를 만들기 위해 그 당시 세력을 떨치던 각국의 왕들을 찾아 설득했다. 그리고 백성들에게도 고난의 의미와 고난에 임하는 바른 자세를 전해주고자 했다. 그의 책《맹자》〈고자 하告子 下〉에는 이렇게 실려 있다.

"하늘이 장차 그 사람에게 큰 사명을 내리려 할 때는, 먼저 그의 마음을 괴롭게 하고, 뼈와 힘줄을 힘들게 하며, 육체를 굶주리게 하고, 그에게 아무것도 없게 하여 그가 행하고자 하는 바와 어긋나게 한다. 마음을 격동시켜 성정을 강하게 함으로써 그가 할 수 없었던 일을 더 많이 할 수 있게 하기 위함이다."

"가난과 고난과 근심, 걱정은 그대를 옥처럼 완성한다"는 《근사록近思錄》의 말처럼, 사람들 역시 고난에 의해 빛이 나는 법이다. 마치 아름다운 옥이 훌륭한 옥공의 손에 갈고 닦고 쪼여야 만들어질 수 있는 것과 같다. 그리고 맹자는 왜 하늘이 굳이 크게 쓸 사람에게 어려움을 겪게 하는지 그 이유도 알려준다.

"사람은 항상 과오를 범하고 난 후에 고칠 수 있고, 마음이 괴롭고 생각이 막힌 후에야 분발하고, 얼굴빛과 목소리에 고뇌가 드러난 후에야 깨닫게 된다."

역경을 통해 얻을 수 있는 인내와 자제력, 그리고 고난 극복 능력이 위대한 일을 해낼 수 있는 밑바탕이 된다는 것이다.
인생은 아무리 평탄하게 지낸다고 해도 어느 순간 역경을 겪게 된다. 대부분 스스로 불러들인 것이지만, 나와는 전혀 상관도 없이 뜻하지 않게 닥치기도 한다. 행운이 불행이 되고 불행이 행운이 되는 '새옹지마塞翁之馬'의 원리는 누구에게나 적용되는 것이다. 그리고 이러한 삶의 굴곡에 어떻게 대응하느냐에 따라서 그 사람의 삶의 성패가 좌우된다.

◆

실패와 고난의 순간이 왔을 때 닥쳐온 고난에 순응하고 잠잠히 때를 기다린 사람은 이겨낼 수 있다. 정당한 절차와 노력을 기울이고, 고난을 통해 성장했던 사람은 기회를 잡아 위기를 극복해낸다. 미국의 커뮤니케이션 이론가 폴 스톨츠가 말했던 '역경지수Adversity Quotient'라는 용어가 있다. 그는 이 지수가 성공을 결정하는 가장 핵심적인 요소라고 말했다. 우리는 IQ와 EQ의 중요성은 잘 알고 있었지만 AQ, 즉 역경지수는 잘 알지 못했다. 하지만 동서고금의 수많은 위인은 모두 높은 역경지수를 갖고 있음을 우리는 그들의 삶을 통해 잘 알 수 있다.

물론 역경은 위인뿐 아니라 모든 사람에게 보편적으로 주어진다. 평생을 살면서 순탄하게만 사는 경우는 그리 흔치 않다. 주위를 둘러보면 유독 아무 걱정 없이 평탄한 삶을 사는 것처럼 보이는 사람들이 있다. 그들을 보며 우리는 부러워한다. 하지만 그 사람의 삶의 내면에 들어가 보면 그들 역시 갈등과 어려움 가운데 있는 경우가 많다. 이렇게 보면 크고 작은 어려움을 겪고, 그것을 극복해나가는 과정이 인생이라고 해도 과언이 아닐 것이다. 이처럼 마치 운명처럼 고난과 맞닥뜨리는 사람들의 삶에서 위대한 사람과 평범한 사람을 나누는 것이 바로 역경지수이다. 역경지수란 한마디로 정의하면 '역경을 이겨내고 스스로 재도약을 이루어내는 능력'이라고 할 수 있다.

◆

역경을 이기고 위대한 일을 이룬 사람 중에 우리에게 가장 가까운 사람으로 다산 정약용을 들 수 있다. 다산은 조선 후기 실학자로 개혁 군주 정조와 함께 담대하게 조선의 개혁을 추진했던 인물이었다. 하지만 그는 정조 사후 서교(천주교)를 믿었다는 이유로 귀양길에 오르게 된다. 하지만 그 내면을 들여다보면 그의 귀양은 사색당파로 인한 정치적인 갈등, 탁월한 재능에 대한 질투, 암행어사 시절 정의로운 처신에 대한 원한 등 복합적인 요인이 작용한 것이었다.

셋째 형 정약종은 서교를 믿었다는 이유로 순교했고, 둘째 형 정약전은 다산과 함께 귀양을 떠나게 되었다. 이처럼 온

집안이 폐족이 된 상황은 다산에게는 견디기 어려운 시련이었을 것이다. 어린 시절 천재로 인정받아 20대부터 관직에 진출하였고, 왕의 총애를 받으며 승승장구하던 마흔의 그에게 닥친 엄청난 고난이라고 할 수 있을 것이다. 하지만 그는 고난에 좌절하지 않고 오히려 그것을 큰 기회로 삼았다.

먼저 그는 고난의 의미에 대해 깊이 성찰했다. 그는 '스스로 쓴 묘비명(自撰墓誌銘, 자찬묘지명)'에서 이렇게 썼다.

"어릴 적에는 학문에 뜻을 두었으나, 이십 년 동안이나 세상일에 빠져 다시 선왕의 훌륭한 정치가 있는 줄 알지 못했으나 이제야 여가를 얻게 되었다."

고난을 이겨내고 큰일을 이루기 위해서는 자신에게 닥친 고난을 긍정적으로 받아들일 수 있어야 한다. 공자는 가장 어렵고 힘든 시기에 "곤궁에는 운명이 있음을 알고 형통에는 때가 있음을 알고, 큰 어려움에 처해도 두려워하지 않는 것이 성인의 용기다"라고 말했다. 위기에 빠져 당황하고 두려워하는 제자 자로를 가르친 말이다. 위기에서 당황하고 근심하고 두려워한다면 눈앞이 가려져 그 어떤 일도 생각할 수 없다. 그때는 잠시 멈추고 그 상황을 판단하고 조용히 때를 기다릴 수 있어야 한다. 그리고 그 상황에서 자신이 할 수 있는 일, 자신에게 주어진 일, 해야 할 일을 생각한다면 고난을 이겨낼 기회가 생기는 것이다.

고난이 삶의 소중한 기회가 되는 것은 고난의 시기에 자신의 소명, 즉 자신이 인생에서 이루고자 하는 일을 생각할 수 있기 때문이다. "그동안 세속에 빠져 여가를 얻지 못했다"고 했던 다산의 고백은 잃어버렸던 학자로서의 정체성과 자기 삶의 의미를 깨달았다는 것이다. 출세와 성공이라는 세속의 일에 빠져 잊고 있었던 학문의 길로 돌아올 수 있게 된 것이다. 그리고 자신의 소명을 위해 매진했던 다산은 《여유당전서與猶堂全書》라는 위대한 민족의 유산을 탄생시켰다.

"괴로움을 피하지 말라. 괴로움은 인생의 본질 중의 하나다. 인생에 괴로움이 없다면 만족감을 어떻게 알 수 있겠는가. 깊은 골짜기가 있을 때 산은 높은 법이다."

도스토예프스키가 말하는 고난의 유익함이다. 오래 잊고 있었던 나의 정체성을 되찾고, 내가 이루어야 할 내 삶의 소명을 이루게 하는 축복, 바로 고난이다.

마음은 원래 말을
듣지 않는다

"지키면 보존되고 놓으면 달아난다. 때 없이 들고나기에 그 거
처도 알 수 없는 것이 사람의 마음이다(操則存 舍則亡 出入無時 莫知其
鄕 惟心之謂與, 조즉존 사즉망 출입무시 막지기향 유심지위여)."

공자가 했던 말을 맹자가 인용하여 자신의 책 《맹자》〈고
자 상〉에 실은 글이다. 이 글을 통해 우리는 마음을 다스리고
지키기가 얼마나 어려운지를 실감할 수 있다. 위대한 경지에
이른 철학자마저도 마음을 다스리기 어렵다고 토로하지 않
는가. 이처럼 다스리기도 어렵고, 그 실상도 알지 못했기에
마음은 오래전부터 철학자들의 고찰 대상이 되었다.
　특히 맹자는 '마음의 철학자'로 불릴 만큼 마음에 대해 깊
이 통찰했고, 자기 학문의 근본으로 삼았다. 사람의 본성은
태어날 때부터 선하다는 '성선설性善說'과 '사단설四端說'이 바

로 그 결실이다.

맹자는 '측은지심惻隱之心'을 기반으로 마음의 선한 본성 네 가지를 말했는데, 이를 네 가지 실마리(四端, 사단)라고 했다. 불행한 사람을 불쌍히 여기는 '측은지심', 잘못을 미워하고 부끄러움을 아는 '수오지심羞惡之心', 예의를 지키고 배려하는 마음인 '사양지심辭讓之心', 옳고 그름을 가리는 '시비지심是非之心'이 바로 그것이다. 그리고 하늘로부터 받은 이들 네 가지 선한 마음을 삶에서 실천하는 것이 인의예지의 덕목이다. 맹자는 사람이라면 반드시 선한 마음을 지켜야 하고, 만약 이런 마음이 없으면 사람이라고 할 수 없다고까지 말했다. 네 가지 마음이 삶의 모든 기준이며, 공부 역시 선한 마음을 되찾기 위한 것이라고 했다.

> "인은 사람의 마음이요, 의는 사람이 걸어가야 할 길이다. 그 길을 버리고 따라갈 생각도 않고, 그 마음을 놓아버리고 찾으려 하지도 않으니 슬프다! 사람들은 기르던 닭이나 개를 잃어버리면 그것을 찾으려 하면서도 잃어버린 마음은 찾을 줄 모른다. 학문의 길은 다른 데 있는 것이 아니라 잃어버린 마음을 찾는 데 있다(學問之道無他 求其放心而已矣, 학문지도무타 구기방심이이의)."

하늘로부터 받은 마음, 이처럼 소중한 것이기에 잘 지켜야 한다. 하지만 이는 결코 쉬운 일이 아니다. 어린 시절 순전하고 선한 마음을 어느 순간 잃어버리고 욕심과 감정에 휘둘려서 사는 삶, 가장 소중한 것을 잃은 줄도 모르고 허덕이며 살아가는 지친 일상. 맹자는 그 이유를 재물과 이익을 좇는 마음 때문이라고 정곡을 찔렀다. 잃어버린 닭이나 개를 쫓는 데 열중한 나머지 마음을 잃어버린 것이다.

따라서 맹자는 마음을 되찾기 위한 공부를 쉬지 말아야 한다고 했다. 마음을 찾는다는 것은 내 삶의 의미와 가치, 나의 정체성을 회복하는 일이다. 그리고 삶의 중심을 든든히 세우는 일이다. 맹자가 제시한 방법은 의외로 간단하다. 바로 '욕심을 줄이는 것'이다.

"마음을 기르는 데는 욕심을 줄이는 것보다 더 좋은 것은 없다. 욕심을 줄인다면 설사 선한 본성을 보존하지 못한 것이 있더라도 적을 것이고, 욕심이 많다면 선한 본성을 보존한 것이 있다 하더라도 적을 것이다."

〈진심 하盡心 下〉에 실려 있는 이 글에서 맹자는 마음이 흔들리고 무너지는 가장 큰 원인을 바로 '욕심'이라고 보았다. 이 욕심을 다스리고 절제할 때 선한 마음이 회복된다는 것이다. 그리고 그 시간은 '생명의 기운(平旦之氣, 평단지기)'이 되살아나는 새벽 시간이 가장 좋다고 맹자는 가르쳐준다.

맹자가 마음 다스림을 위해 '욕심을 절제하라'고 가르쳤다면 《대학》에서는 감정을 다스리라고 가르친다. 어린아이들이 읽는 《소학小學》에 이어 배우는 《대학》은 말 그대로 어른의 공부다. 《소학》을 통해 사람의 도리를 바르게 세웠다면, 그다음은 세상에 나가서 해야 할 일을 《대학》에서 배운다. 《대학》〈전7장〉에서는 '수신修身'을 위해 어떻게 마음을 다스려야 하는지를 상세히 말해준다.

"이른바 수신이 그 마음을 바르게 함에 있다는 것은, 몸에 분하고 노여워하는 바가 있다면 그 바름을 얻을 수 없고, 두려워하고 근심하는 바가 있어도 그 바름을 얻을 수 없고, 좋아하고 즐기는 바가 있어도 그 바름을 얻을 수 없고, 근심하고 걱정하는 바가 있어도 얻을 수 없다. 마음이 없으면 보아도 보이지 않고, 들어도 들리지 않고, 먹어도 그 맛을 알지 못한다. 이를 일러 수신이라 하니 그 마음을 바르게 함에 있다."

마음을 흔드는 것은 바로 '분치忿懥(분노와 원망)' '공구恐懼(무서움과 두려움)' '호락好樂(좋음과 기쁨)' '우환憂患(근심과 걱정)'이다. 비슷한 뜻을 가진 두 가지 말이 겹쳐 있는 것은 그만큼 강력하다는 의미다. 이런 마음들이 있다면 바른 마음을 가질 수 없고, 수신의 길로 갈 수 없다. 이것들은 모두 사람의 감정, 즉 '희로애락喜怒哀樂'으로부터 비롯된다. 아무리 훌륭한 성인이라고 해도 감정에서 자유로울 수는 없다. 《대학》을 비롯한 많은 고전에서 거듭 경계하는 것이 바로 그 때문이다.

평범한 우리는 어떤가. 하루하루 감정에 휘둘려 산다고 해도 과언이 아니다. 분노와 원망, 무서움과 두려움, 좋음과 기쁨, 근심과 걱정에서 언제 자유로웠던 적이 있었던가. 물론 사람인 이상 감정에서 온전히 자유롭기는 불가능하다. 또한 감정이 전혀 없는 삶이 바람직한 것도 아니다.

마땅히 화를 내야 할 때는 화를 내고, 슬플 때는 슬퍼하고, 즐거울 때는 마음껏 즐거워하는 감정이 반드시 있어야 한다. 바로 삶을 풍요롭게 하는 소중한 본성이 우리의 감정인 것이다. 단지, 우리에게 필요한 것은 감정이 과도하지 않도록 절제하는 노력이다. 지나치게 감정에 휩쓸렸을 때 그것을 스스로 되돌아보는 자세다. 바로 중용의 덕목이 필요한 것이다. 《중용》에서는 희노애락이 겉으로 발發하지 않는 상태가 바로 '중中'이라고 했다. 마음이 올바르고 적절한 것이다. 그리고 겉으로 드러날 때 절도에 맞는 것을 '화和'라고 했다. 지나치거나 치우치지 않고 조화로운 상태라는 뜻이다.

우리는 마음이 번거롭고 힘들다. 언제나 평안한 마음을 가졌으면 하고 바란다. 하지만 반드시 새겨야 할 것이 있다. 마음은 원래 번거롭고 힘들다는 것이다. 그리고 마음은 원래 내 말을 잘 듣지 않는다. 돌이켜보면 누구나 느끼겠지만 삶은 내 마음과 또 다른 마음이 계속 갈등하며 살아가는 것이다. 하지만 그 마음이 있기에 우리는 소중한 존재다. 앞서 맹자가 통찰했던 것이 그렇고, 《주역》의 '삼재사상三才思想'이 뜻하는 바도 마찬가지다. 하늘과 땅과 함께 사람이 세상의 근본이 될 수 있는 것은 바로 우리에게 마음이 있기 때문이다. 그리고 흔들리는 우리를 바른길로 이끌어주는 것도 역시 마음이다. 바로 '양심良心'이라고 부르는 것이다.

하늘이 우리에게 준 선한 본성, 그러나 감정과 욕심으로 매번 흔들리는 마음. 하지만 이 감정과 욕심은 무조건 배척해야 할 나쁜 것은 아니다. 다만 조건이 붙을 뿐이다. '견리사의見利思義', 즉 이익을 추구하되 의로운가를 생각하면 그 욕심은 의욕으로 승화된다. 감정이 솟아날 때마다 조화로운가를 생각하면 그 감정은 삶을 더 풍요롭게 만들어 준다. 마음이 주는 두 가지, 감정과 욕심은 오히려 우리 삶을 풍요롭게 만드는 귀한 선물이다.

제2부

내일의

삶을 채워줄

네 가지 공부

제1장

나를 완성하는 공부

온전한 '나'의 삶을
살기 위하여

> **"**
>
> 거인의 어깨 위에 올라선 난쟁이는
> 거인보다 더 멀리 본다.
>
> – 아이작 뉴턴 –
>
> **"**

인류가 이룬 오늘날의 발전과 번영은 통찰을 가진 사람들의 노력에 힘입은 것이다. 하지만 인류의 발전이 단순히 몇몇 위대한 사람들로 이루어진 것은 아니다. 자신의 지식으로 다른 사람에게 선한 영향을 끼쳤던 수많은 보통 사람들의 결실이다.

습관이 오래되면
천성이 된다

《서경》〈태갑 상太甲 上〉에는 '습여성성習與性成', 즉 '습관이 오래되면 천성이 된다'는 말이 실려 있다. 고대 중국의 탕왕 시절 명재상 이윤이, 새롭게 왕이 된 탕왕의 손자 태갑이 제대로 나라를 다스리지 않고 방탕한 생활을 계속하자 했던 말이다. 몇 번에 걸친 훈계와 간언에도 말을 듣지 않고 불의한 행동을 계속하자, "왕의 불의한 행동 습관이 마치 천성이 된 것과 같다"고 하며 강히게 질책했다. 이 고서에서 말하는 것은 습관의 부정적인 측면이다. 잘못된 행동을 계속하면 마치 본성처럼 되어 벗어나기 어렵다는 말이다.

한편 공자는 더 실감 나게 습관의 중요성을 강조한다. 《논어》에는 "본성은 서로 비슷하지만 습관에 의해 멀어진다(性相近也 習相遠也, 성상근야 습상원야)"라고 실려 있다. 타고난 본성은 어떤 사람도 비슷하지만 살아가면서 어떤 습관을 익히는

가에 따라 서로 다른 인생을 살게 된다는 것이다. 좋은 습관을 익힌 사람은 바람직한 인생을 살지만, 나쁜 습관을 익히면 그 인생은 바람직하지 않게 된다.

'습관習慣'이라는 한자의 형태를 유심히 보면 그 의미를 잘 알 수 있다. '습習'은 어린 새가 날갯짓을 배우는 모습에서 나온 한자어다. '관慣'은 마음을 하나로 꿰뚫어 묶어둔 모습이다. 여기서 미루어보면 어린 시절부터의 습관이 중요하다는 것을 잘 알 수 있다. 어린 시절부터 같은 행동을 반복해서 마음이 묶이면 거기서 벗어나기 어렵다. '세 살 버릇 여든까지 간다'는 우리 속담 역시 어릴 때부터 좋은 습관을 길러야 한다는 선조들의 지혜에서 비롯된 것이다.

습관의 중요성에 대해서는 서양의 철학자들 역시 많이 강조하고 있는데, 아리스토텔레스의 《니코마코스 윤리학》에도 습관에 관한 이야기가 실려 있다. 자제력에 관해 이야기하면서 습관의 중요성을 강조하고 있다.

"습관으로 인해 자제력 없는 사람들이, 본성적으로 자제력이 없는 사람들보다 고치기가 더 쉽다. 본성을 바꾸는 것보다는 습관을 바꾸기가 더 쉽기 때문이다. 실제로는 습관도 바꾸기가 어려운데, 에우에노스의 말처럼 습관은 제2의 본성이기 때문이다."

에우에노스는 기원전 5세기의 수사학자이자 소피스트인데, 아리스토텔레스는 그의 말을 인용하면서 습관에 대한 자신의 생각을 말하고 있다. 습관은 본성과도 같지만 그래도 본성보다는 바꾸기 쉽다는 것이다. 이어서 결론처럼 말했던 것이 아리스토텔레스의 생각을 잘 말해준다.

"친구여, 내 이르노니, 오랜 기간 수련하다 보면 그것이 결국 사람의 본성이 된다네."

아마 이 말이 아리스토텔레스가 하고 싶었던 말일 것이다. 결국, 습관이란 의식적인 노력으로 마치 본성처럼 몸에 익힐 수 있다는 것이다. 아리스토텔레스는 도덕적 미덕을 설명하면서도 습관의 중요성을 말하고 있다.

"도덕적인 미덕들은 우리 안에서 본성적으로 생겨나는 것도 본성에 반해 생겨나는 것도 아니며, 오히려 우리가 그것을 본성적으로 받아들여 습관화함으로써 완성되는 것이다."

도덕적 미덕이란 지혜, 직관, 분별력 등을 뜻하는 지적 미덕과 함께 아리스토텔레스가 추구했던 미덕의 하나이다. 관대함, 명예로움, 진실함 등 사람의 도덕성을 말하는 것으로 이것들은 사람에게 본성적으로 있는 것은 아니지만 습관화하면 마치 본성처럼 체득할 수 있다는 것이다. 그래서 아리스토텔레스는 "우리가 아주 어릴 때부터 어떤 습관을 들이느냐에 따라 사소한 차이가 아니라 큰 차이가, 아니 모든 차이가 생겨나는 것이다"라고 말했다.

습관은 이처럼 우리의 본성을 바꾸고 우리의 인생을 좋은 방향으로 이끌어 밝은 미래를 보장해준다. 습관이 큰 노력과 힘을 들이지 않고도 우리의 일상을 바꿀 수 있게 해주기 때문이다. 하지만 앞서 〈태갑 상〉의 고사에서 보았던 것처럼 나쁜 습관을 통해 우리 인생을 무너뜨리기도 한다. 결론적으로 말해 습관이란 인생의 성패를 좌우하는 가장 핵심적인 요소라고 할 수 있다. 그러면 우리의 습관은 뇌과학적으로는 어떤 메커니즘을 가질까? 현대 뇌과학자의 학설을 인용해보자.

우리의 뇌는 새로운 행동을 시작한 후 '낯설음'과 본능적인 거부감을 잊으려면 21일이 필요하다. 그리고 습관이 몸에 완전히 젖어 들려면 무려 그 3배인 66일이 걸린다. 이러한 사실은 영국 런던대학교 제인 워들 교수의 유명한 실험으로 증명되었다.

그는 '마음먹은 행동을 얼마나 오랫동안 반복해야 습관이 되는가?' 하는 의문을 품고 일반인 참가자 96명을 대상으로 실험을 했다. 12주에 걸쳐 참가자들에게 '점심 식사 때 과일한 조각과 물 한 병 마시기' '저녁 식사 전에 15분 뛰기' 등 건 강에 도움이 되는 행동을 하나 선택해서 매일 반복적으로 실 천하도록 했다. 그 결과 평균 66일이 지나면 자신의 의식적인 생각이나 의지가 없이도 행동할 수 있는 습관으로 형성되었 다고 한다.

이 학설에 따르면 우리가 좋은 습관을 얻기 위해 필요한 시 간은 평균 66일이다. 길다면 긴 시간이지만 한 번 얻게 되면 평생 내 것이 된다는 점으로 미루어보면 그 시간을 아깝다고 여기는 사람은 없을 것이다. 아리스토텔레스가 말했던 것처 럼 인생의 큰 차이를 만드는 가장 중요한 요소이니까.

공부에도 습관은 중요하다. 지혜를 가장 사랑했던 철학자 들은 마치 공부가 자신의 삶인 것처럼 즐겁게 공부를 했다. 그리고 그 공부를 통해 인생의 행복도 찾았다. 하지만 평범한 사람이 그런 경지에 이르는 것은 결코 쉽지 않다. 그 해답은 동양의 고전에서 찾을 수 있다. 《중용》에서는 평범한 사람들 이 어떻게 공부해야 하는지를 잘 말해준다. 어리석은 사람도 현명해지고, 연약한 사람도 굳세어질 수 있고, 어떤 고난에 서도 흔들리지 않게 해주는 공부는 바로 이렇게 해야 한다.

"배우지 않음이 있을지언정 배울진대 능통하지 못함을 그냥 두 지 말며, 묻지 않음이 있을지언정 물을진대 알지 못함을 그대로 두지 말며, 생각하지 않음이 있을지언정 생각할진대 얻지 못함을 그대로 두지 말며, 분별하지 않음이 있을지언정 분별할진대 명백하지 못함을 그대로 두지 말며, 행하지 않음이 있을지언정 행할진대 독실하지 못함을 그대로 두지 마라. 남들이 한 번에 능하거든 나는 백 번을 하고 남이 열 번에 능하거든 나는 천 번을 해야 한다."

배움에 대한 열망을 말해주는 것이지만, 이 구절에 습관의 비밀이 있다. 단숨에 깨닫는 것도 좋지만, 타고난 천성이 그에 미치지 못한다면 반복을 통한 습관화로 얼마든지 경지에 이를 수 있다. 남들보다 힘들고 조금 더 노력해야 할지 몰라도 그 가치는 변함이 없다. 아니, 타고난 천성을 지닌 이보다 더 의미 있고 소중할 것이다. 타고난 천성이란 목적지에 조금 더 일찍, 쉽게 도달하는 방법일 뿐이다. 자칫 방심하면 샛길로 빠질 수 있다. 쉽게 이룬 것이니 그 소중함을 깨닫지 못하고 교만해질 수도 있고, 삶에서 오히려 더 중요한 것을 놓칠 수도 있다. 꾸준히 노력하고 힘써 행하는 좋은 습관이 배움의 진전, 인생의 성공을 좌우한다.

순자가 말하는
진정한 배움의 의미

공자 철학 사상의 핵심이자, 동양 정신세계의 진수를 모은
책 《논어》의 시작은 이렇다.

"배우고 때때로 그것을 익히면 또한 기쁘지 않은가? 벗이 먼 곳
에서 찾아오면 또한 즐겁지 않은가? 남이 알아주지 않아도 성내
지 않으면 또한 군자답지 않은가?"

비록 특별한 순서 없이 공자의 언행을 모은 책이라고 해도
첫 구절의 의미는 남다르다. 배움, 교제, 그리고 겸손. 공자
가 말하고자 했던 세 가지 가르침이자 《논어》의 전반에 흐르
고 있는 주제를 말하고 있다.

그중에서 맨 앞 문장 "배우고 때때로 그것을 익히면 또한
기쁘지 않은가?"는 '학이시습지불역열호學而時習之不亦說乎'라

는 원문으로도 잘 알려져 있다. 설사 고전과 그리 친하지 않은 사람이라고 해도 한 번쯤은 들어본 적이 있을 것이다. 이 말은 학문을 좋아했던 진정한 학자로서 공자의 삶을 상징적으로 말해주는 구절이다. 학문을 통해 자신에게 이익이 되는 무언가를 얻으려는 다른 어떤 목적이 아니라 배움 그 자체가 기뻐서 평생을 두고 추구했다는 말이다.

공자가 학문 그 자체의 즐거움 외에 배움의 목적으로 두었던 것은 두 가지가 있다. 그중 하나는 스스로를 수양하고 실력을 배양하여, 나라와 천하를 평안하게 하려는 뜻이 있었다. 배움을 통해 사랑으로 다스려지는 조화로운 세상을 만들고자 함이었다. 그래서 공자는 현실정치에도 많은 관심을 두었는데, 권력자로서 풍요로운 삶을 누리려는 것이 아니라 백성을 감화시켜 이끄는 '덕의 정치'를 실현하고자 했다. 이를 위해 자신은 물론 모든 위정자들이 올바른 배움을 얻어야 한다는 것이다. 공자의 생각을 한마디로 집약해 보여주는 것이 '고지학자위기 금지학자위인古之學者爲己 今之學者爲人'라는 성어로 "옛날 학자는 자신을 위해 공부했고, 요즘 학자는 남에게 보이기 위한 공부를 한다"는 뜻이다.

'위기지학爲己之學'은 자신을 충실히 쌓아가는 공부이고 '위인지학爲人之學'은 남에게 보이고 과시하기 위한 공부다. 위기지학의 사람은 자신의 발전과 성장을 기뻐한다. 따라서 그의 공부는 평생 계속되며 죽을 때가 되어야 그친다. 위인지학의 사람은 남보다 앞선 출세에 목적을 둔다. 따라서 어느 순간이 되면 공부를 그치는 데 출세를 해도, 하지 못해도 마찬가지다. 일단 출세를 하면 권력을 향유하는 데 빠져 공부할 시간이 없다. 이미 자기가 뜻한 바를 이루었기에 더는 공부가 필요 없는 것이다. 출세하지 못하면 자포자기해서 공부를 포기한다. 애초에 공부의 진정한 의미를 모르기 때문이다.

공자가 가졌던 또 다른 공부의 목적은 가르침이다. 공자는 배움을 순수한 자기만족에 두지는 않았다. 배움을 통해 스스로를 성장시키고 학문의 발전을 이루었다면 당연히 그 배움은 사람들에게 전해져야 한다. 배움이 흐르고 흘러야 점차 더 좋은 세상을 이룰 수 있다는 진정한 통찰이다. '배워서 남 주나'가 아닌, '배워서 남을 줄 수 있어야 한다'는 진정한 배움의 목적을 공자는 절실하게 실감하고 있었다.

따라서 《논어》에는 배움 못지않게 가르침에 대해 많이 실려 있다. 특히 공자는 가르치는 자, 즉 스승의 자격에 대해 강조하고 있는데, "옛것을 익히고 새로운 것을 알면 스승이 될 수 있다(溫故而知新 可以爲師矣, 온고이지신 가이위사의)"가 대표적인 구절이다. 단순히 자기가 배운 것을 전하는 것은 진정한 가르침이 아니며, 당연히 배움의 발전이 없다. 자기가 배운 것을 익히고 생각하고 연구하여 더 발전된 것을 전해줄 수 있어야 한다는 것이다.

공자의 학문을 이어받은 유교의 학자들 역시 배움에 관한 공자의 생각을 이어받았다. 공자에 이어 '아성亞聖(공자에 다음 가는 성현)'으로 불리는 맹자의 '군자의 세 가지 즐거움(君子三樂, 군자삼락)'에는 천하의 영재를 얻어 가르치는 것이 포함되어 있다. 제자를 가르치는 일이 즐거움이 되기 위해서는 반드시 자신의 학문이 먼저 확립되어야 한다는 것을 전제로 한다.

또한 학문을 통해 스스로도 성장해나갈 수 있어야 한다. 즉, 배움에 대한 겸손이 뒷받침되어야 가르치는 일이 즐거움이 될 수 있다. 내가 평생을 두고 이룩한 학문이 세상에 퍼져나가고, 세상을 이롭게 하는 것은 그 어떤 것보다, 심지어 대를 이어서 자식들에게 재산을 물려주는 것보다 훨씬 더 의미 있는 일이 될 것이다.

◆

맹자의 뒤를 이어 유학을 계승한 순자도 역시 배움을 강조했다. 비록 사람의 본성에 대한 해석에서는 전혀 다른 관점을 가지고 있었지만 두 학자는 배움에서는 같은 생각이었다. 맹자는 사람의 본성은 선하다는 '성선설性善說', 순자는 사람의 본성은 악하다는 '성악설性惡說'을 각각 주장했다. 하지만 그

해법은 같았다. 바로 학문이다. 맹자는 태어날 때부터 지니고 있었지만 험한 세상을 살아가면서 잃어버렸던 선한 본성을 회복하기 위해서, 순자는 악하게 태어났지만 선한 사람으로 돌이키기 위해 배움이 필요하다는 것이다. 순자는 그의 책 첫 장인 〈권학〉에서 이렇게 시작했다.

"군자들은 '학문은 멈출 수 없는 것이다(學不可以已, 학불가이이)'라고 말했다. 푸른 물감은 쪽풀에서 얻지만 쪽풀보다 더 파랗고, 얼음은 물로 이루어졌지만 물보다 더 차다. 나무가 곧아서 먹줄에 들어맞는다 하더라도 굽혀 수레바퀴를 만들면 굽은 자에 들어맞게 되고, 비록 바싹 마른다 하더라도 다시 펴지지 않는 것은 굽혔기 때문이다. 나무는 먹줄을 따르면 곧아지고 쇠는 숫돌에 갈면 날카로워지는 것처럼 군자도 널리 배우며 매일 자기에 대해 살피고 반성하면 지혜가 밝아지고 행동에 허물이 없을 것이다."

잘 알려진 '청출어람靑出於藍'의 성어가 실려 있는 글이다. 배움을 통해 제자가 스승보다 더 뛰어나게 된다는 의미인데 여기서 배움의 참다운 뜻을 알 수 있다. 자기보다 더 뛰어난 제자를 길러낼 수 있어야 진정한 배움의 의미가 실현된다는 것이다. 공자가 말했던 '온고이지신 가이위사의'가 함축하고 있는 뜻과 같다.

이처럼 동양의 철학자들은 설사 그 철학의 대강은 다를지라도 배움에 대한 생각은 일치했다. 배움이란 나의 성장을 위한 것이지만 그에 그쳐서는 안 되며 가르침으로 이어져 내려가야 한다. 하지만 단순히 배운 것만 전달해서는 안 된다. 반드시 생각과 연구를 거쳐 더 새롭고 창의적인 것을 만들어 전달할 수 있어야 한다.

이것은 배우는 사람 역시 마찬가지다. 배움의 단계에서부터 배움에 대한 열망, 배운 것을 표현할 수 있는 표현력, 그리고 하나를 미루어 새로운 것을 아는 창의력과 상상력을 반드시 갖추어야 한다. 공자가 "한 모퉁이를 들어 보였을 때 나머지 세 모퉁이를 알지 못하면 반복해서 가르쳐주지 않는다"라고 했던 것이 바로 그것이다. 바로 이런 사람이 배움의 결과를 얻을 수 있고, 후에 가르침의 자리에 섰을 때 창의적인 가르침을 줄 수 있다.

◆

만유인력의 발견자 아이작 뉴턴은 "거인의 어깨 위에 올라선 난쟁이는 거인보다 더 멀리 본다"라고 말했다. 탁월한 한 사람만의 능력이 아니라 이미 오래전부터 이어 내려온 인류의 지혜가 있었기에 위대한 발견이 있을 수 있었다는 것이다.

인류가 이룬 오늘날의 발전과 번영은 바로 이러한 통찰을 가진 사람들의 노력에 힘입은 것이다. 하지만 인류의 발전이 단순히 몇몇 위대한 사람들로 이루어진 것은 아니다. 자신의 지식으로 다른 사람에게 선한 영향을 끼쳤던 수많은 보통 사람들의 결실이다. 우리의 삶 역시 그래야 한다.

때로는 숲이 아닌
나무를 보아야 한다

《총, 균, 쇠》는 제레드 다이아몬드 교수가 쓴 명저로 퓰리처상 수상작이다. 1972년 뉴기니에서 조류의 진화를 연구하고 있던 다이아몬드 교수는 원주민 얄리의 질문인 "왜 우리 흑인들은 백인들처럼 그런 화물을 만들지 못한 겁니까"의 해답을 찾기 시작했다. 얄리의 질문에서 화물은 문명이 만들 수 있는 다양한 가치 있는 물건들을 말한다. 이를테면 그 당시 백인들이 뉴기니에 들여온 쇠도끼, 성냥, 의약품에서부터 의복, 청량음료, 우산 등에 이르는 생활용품까지 망라한 것들이다. 얄리의 질문에 흥미를 느낀 다이아몬드 교수는 인류의 발전이 왜 각 대륙마다 다른 속도로 진행되었는지를 연구했고, 가장 핵심적인 요인이 바로 책의 제목에 있는 대로 '총' '균' '쇠'라고 결론지었다. 바로 무기, 병균, 금속이 인류의 운명을 바꾸었다는 것이다.

어떤 민족은 무기, 병균, 금속을 비롯한 여러 가지 요소들을 발전시켰고, 어떤 민족은 그 같은 요소들을 발전시키지 못했다. 교수는 그 원인에 대해 가장 먼저 유전적·생물학적인 우월성의 차이를 배제했다. 백인이 흑인보다 원래부터 뛰어나서가 아니라 환경의 차이라고 정의했다.

"민족마다 역사가 다르게 진행된 것은 각 민족의 생물학적 차이 때문이 아니라 환경적 차이 때문이다."

환경적 차이로 인해 각 민족의 우열이 정해졌고, 치열한 정복 전쟁으로 각 대륙의 민족들이 지배와 피지배로 나뉘었다는 것이다. 그는 대표적으로 유럽인들의 아메리카 원주민 정복을 들고 있는데, 가장 극적인 예로 스페인의 잉카 제국 정복을 꼽았다. 병원균, 말(馬), 문자, 정치조직, 기술(특히 선박과 무기 제조술)을 앞세운 스페인이 잉카 제국을 순식간에 무너뜨렸는데, 이 요인들을 한마디로 종합해서 말하면 바로 '지식'이다.

"그 이후 전개된 유럽인과 아메리카 원주민의 관계에서 가장 극적인 순간은 1532년 11월 16일 잉카의 황제 아타우알파와 스페인의 정복자 프란시스코 피사로가 페루의 고지대 도시인 카하마

르카에서 최초로 마주친 사건이었다. 아타우알파는 신세계에서 가장 크고 발전된 국가의 절대군주였고, 피사로는 유럽에서 가장 강력한 국가였던 신성 로마 제국의 황제 카를 5세(또는 스페인의 카를로스 1세)를 대신하고 있었다."

당시 프란시스코 피사로가 거느린 군대는 168명의 오합지졸 군대였다. 반면에 아타우알파는 수백만의 백성이 있었고, 직접 거느린 군대만 해도 무려 8만 대군이었다. 누가 봐도 승패는 뻔했다. 하지만 결과는 전혀 예상 밖으로 전개된다.

피사로는 아타우알파를 사로잡았고, 8개월 동안 그를 괴롭히면서 역사상 가장 많은 몸값을 받아내었다. 엄청난 황금을 손에 쥔 피사로는 풀어준다는 약속을 저버리고 아타우알파를 처형해버리고 말았다. 잔혹한 처사였지만 이로 인해 스페인은 잉카 제국 정복에 결정적인 이점을 얻게 되었다. 황제를 포로로 잡은 몇 달 동안 피사로는 아무런 방해도 받지 않고 탐험대를 파견해 정보를 얻었고, 스페인에 원병을 요청해 훨씬 막강한 군대로 전쟁에 임할 수 있었다.

다이아몬드 교수는 피사로가 아타우알파를 사로잡은 것을 그 당시 전 세계적으로 벌어졌던 정복 전쟁의 가장 결정적인 사례로 보았다. 전 세계를 한눈에 들여다볼 수 있는 큰 창문이라는 것이다. 책에는 그 요인을 이렇게 말해준다. 먼저 무기의 불균형이다.

"피사로의 군사적 이점은 스페인의 쇠칼을 비롯한 무기, 갑옷, 총, 말 따위였다. 그러한 무기에 대항하여 싸움터에 타고 갈 동물도 갖지 못한 아타우알파의 군대는 겨우 돌, 청동기, 나무곤봉, 갈고리 막대, 손도끼, 그리고 물매와 헝겊 갑옷 등으로 맞설 수밖에 없었다. 이와 같은 장비의 불균형은 유럽인과 아메리카 원주민 및 기타 민족들 사이의 수많은 대결에서도 역시 결정적이었다."

불합리한 전쟁의 결과를 만든 또 다른 원인 한 가지는 잉카족 내부에서 발생한 전염병의 유행이었다. 전염병은 잉카의 황제와 신하 대부분을 죽음으로 몰고 갔고, 곧이어 그 뒤를 이으려는 아타우알파와 이복형제 간의 제위 다툼이 이어졌다. 이로 인해 제국은 내부적으로 분열되었고, 피사로는 이러한 상황을 파악해 재빨리 이용했던 것이다. 이런 직접적인 요인 외에도 스페인의 잉카 정복에는 강력한 중앙정치조직이라는 근본적인 이유도 있었다. 그리고 문자의 존재 또한 강력한 요인이 되었다.

"잉카 제국에는 문자가 없었지만 스페인에는 있었다. 정보는 입으로 전하는 것보다 문자를 사용할 때 훨씬 더 멀리, 더 정확하게, 더 자세히 전파할 수 있다."

문자가 갖는 정보력은 전쟁의 결과에 대한 직접적인 요인이 된다. 가장 근본적이며 긍정적인 원인이 바로 문자였던 것이다.

"아타우알파는 왜 함정 속으로 걸어 들어갔을까? (중략) 직접적 원인인 아타우알파가 스페인인이나 그들의 군사력 또는 의도에 대한 정보를 거의 갖지 못했다는 점이었다. 그가 가진 빈약한 정보는 입으로 전해진 것이었다. 그것도 피사로의 부대가 해안에서 내륙으로 들어오고 있을 때 그들을 방문했던 칙사에게서 들은 내용이 주를 이루고 있었다. 그 칙사는 스페인인들이 가장 흐트러져 있을 때의 그들을 보았을 뿐이었다. 그는 아타우알파에게 그들은 결코 전사가 아니며 인디언 200명만 맡겨준다면 모조리 잡아들일 수 있다고 보고했다."

아타우알파는 편협된 정보를 과신하고 신중하지 못하게 상황을 대처함으로써 비참한 결과를 자초하고 말았다. 물론 스페인이나 유럽 등 구세계에 대한 정보가 전무했다는 것은 인정할 수밖에 없다. 하지만 피사로도 역시 예전에 만났던 잉카인을 심문하여 얻었던 정보밖에는 알지 못했다. 사실 정보가 없다는 것은 양쪽 다 마찬가지였던 것이다.

하지만 피사로는 비록 적지만 획득한 정보를 잘 이용했고, 아타우알파는 정보가 없었던 것뿐 아니라 새로운 세상에 대한 이해와 인간에 대한 경험이 편협했다는 한계가 있었다. 특히 황제로서 완전히 복종하는 인간들에 둘러싸여 있었다는 것이 치명적이라고 할 수 있다.

여기서 한 가지 재미있는 사실은 피사로 역시 글을 읽지 못하는 문맹자였다는 사실이다. 하지만 그는 문자문화권에 속한 사람으로서 동시대 다른 지역의 문명에 대해 알고 있었고, 유럽 수천 년의 역사를 알고 그 흐름을 이해하고 있었다. 문자를 알지 못하더라도 문자가 있는 문화 환경에 속해 있는 것 자체가 큰 힘이 된다.

여기서 우리는 지식에 대해 두 가지 사실을 알게 된다. 먼저 지식은 물론 그 이전의 단계인 정보에 이르기까지 그것을 가진 사람은 갖지 못한 사람에 비해 엄청난 힘을 얻을 수 있다. 신세계를 정복하는 거대한 일뿐 아니라 현대를 살아가는 개인의 삶도 마찬가지다. 지식이 인류의 역사를 만든 것처럼 내가 가진 지식이 나의 역사를 만든다.

또 한 가지는 설사 여건이 허락하지 않더라도 지식적·문화적인 접근이 가능한 곳에 머물러야 한다는 것이다. 공부는커

녕 삶을 영위하기 힘든 상황이 되더라도 산에 들어갈 것이 아니라 문명화된 곳에 머물러야 한다. 그곳에서 만나는 사람, 접하는 상황, 머무르는 환경이 모두 내 삶을 가치 있게 만드는 바탕이 된다. 뛰어난 사람들은 어떤 환경에 있더라도 그것을 극복해낸다. 하지만 더 지혜로운 것은 좋은 환경을 찾아 머무는 것이다. 어려운 환경을 이겨내기 위해 온 힘을 다하는 것보다, 자신에게 더 나은 환경을 찾아 성장과 발전을 도모하는 것이 훨씬 효율적이다.

잉카 제국은 우수한 농경문화를 기반으로 정치·사회 제도, 건축 기술, 공예·예술 등 다양한 분야에서 수준 높은 문명을 이루고 있었다. 하지만 새로운 지식으로 무장한 스페인에 의해 한순간에 멸망하고 말았다. 이처럼 숲 안에 있으면 그곳이 어떤 곳인지 알 수 없다. 온통 나무만 보이기 때문이다. 당연히 어떤 위험이 닥칠지, 어떤 기회가 오는지도 알 수 없다. 남들의 시야를 가려주기에 마음은 편할지 모르지만 놀랍게 변화하는 세상과는 단절되고 만다. 이때는 한 걸음 벗어나 내가 발 디딘 곳이 어딘지 볼 수 있어야 한다. 만약 '이곳이 아니다'라는 판단이 선다면 지체없이 벗어나야 한다. 새로운 변화가 다가오는 것은 쉽게 느끼지 못한다. 그러나 상상 외로 빨리 지나쳐버린다.

순종적이되
일방적으로 따르지 마라

거백옥은 공자의 친구로, 두 사람은 서로 사자를 주고받으며 긴밀하게 교류하고 있었다. 《논어》〈태백泰伯〉을 보면 공자가 거백옥이 보낸 사자를 칭찬했던 고사가 실려 있다. 공자가 거백옥의 안부를 묻자 사자는 "선생께서는 자신의 단점을 줄이려고 노력하시지만 아직 잘 안 되는 모양입니다"라고 대답했다. 그러자 공자는 "사자답구나, 사자답구나" 하고 사자의 자세를 칭찬했다. 솔직하게 상사의 현황을 전하면서도 예의에 어긋나지 않는 지혜로움을 칭찬했던 것이다. 공자의 이 칭찬은 거백옥에 대한 칭찬이기도 했다. 사자가 지혜롭기는 하지만 그 사자를 선택해서 쓰는 것은 결국 거백옥이기 때문이다. 《장자》〈인간세人間世〉에도 거백옥의 고사가 실려 있다.

노나라의 현자 안합이 위나라 영공의 태자부(태자의 스승) 부임을 앞두고 위나라의 현자 거백옥에게 물었다.

"예를 들어 여기 어떤 사람이 있다고 칩시다. 그의 성품은 태어날 때부터 거칠고 각박합니다. 그를 멋대로 내버려 두면 나라가 위태로워질 것이고, 올바른 규범을 가르치자니 제 몸을 보존하기 어렵게 될 것 같습니다. 그 사람은 남의 잘못은 잘 알아보지만 자기 잘못은 알지 못합니다. 이런 사람을 어떻게 대해야 할까요?"

위나라의 영공은 여러 고전에서 소개되는데, 전형적인 무도한 권력자다. 이 질문에서 보면 그 아들 태자 역시 다를 바 없다. 부전자전인 것이다. 안합은 태자의 스승이 되어달라는 명을 받고 고민이 많았다. 태자를 그냥 두자니 나라를 망칠 것 같고, 올바른 도리를 가르치자니 가르침은커녕 자신의 목숨을 부지하지 못할 것 같아서 두려웠다. 안합은 누구라고 명시하지 않고 질문을 했는데, 이미 질문에서부터 안합의 두려움이 느껴진다. 행여 이 말이 해가 될까 두려웠던 것이다. 거백옥은 이렇게 대답했다.

"그것 참 훌륭한 질문이네. 자네는 주의하고 조심하면서 몸을 단정하게 해야 하네. 겉모습은 그를 따라 순종적으로 하고, 마음은 그와 조화롭게 해야 하네(形莫若就 心莫若和, 형막약취 심막약화). 하지만 순종적이되 일방적으로 따라서는 안 되고 반드시 스스로

주관을 지켜야 하네. 그리고 조화로우면서도 한계를 벗어나지
않아야 하네."

거백옥의 가르침은 먼저 주의하고 조심하며 자신을 바르
게 해야 한다고 충고한다. 거칠고 무도한 사람과 함께 하면서
그에게 약점을 잡혀서는 안 된다는 가르침이다. 무도한 권력
자는 자신의 잘못은 잘 모르지만 남의 잘못을 집어내는 데는
탁월하기 때문이다. 다르게 이야기하면 자신에게는 너그럽
고 다른 사람의 잘못에는 잔혹할 정도로 엄격하다는 말과 같
다. 이러한 사람의 성향은 오늘날도 마찬가지다. 소위 '내로
남불'이라는 신조어가 그것을 잘 말해준다.

그다음, 겉모습은 그 사람에게 맞추되 일방적으로 따를 것
이 아니라 반드시 주관을 지켜야 한다고 가르친다. 겉으로 맞
춰주다 보면 자칫 그에게 물들기 쉽고 오히려 나쁜 영향을 받
게 될 수도 있기 때문이다.

또 마음을 그에게 맞춰주어야 하는데, 여기에 치중하다 보
면 자칫하면 선을 넘게 된다. 그의 악행에 휩쓸리거나 지나
치게 닮게 되면 사람들의 비난을 받게 되고 결국 파멸에 이를
수도 있다는 가르침이다. 하지만 권력자의 거칠고 무례한 본
성에 온순하고 온화하게 맞춰주되 자신의 한계를 지키고 주
관을 잃지 않는 것은 결코 쉬운 일이 아니다. 거백옥은 좀 더

이해하기 쉽게 세 가지 고사를 말해준다.

먼저 '당랑거철螳螂拒轍'의 고사다. '사마귀가 큰 수레를 막아선다'는 뜻으로 자기 분수를 모르고 강한 상대에게 무모하게 덤비는 것을 비유적으로 일컫는다. 《회남자淮南子》《한시외전韓詩外傳》 등 많은 중국 고전에 실려 있는 고사인데, 장자는 이렇게 말한다.

"팔을 치켜세워 수레바퀴를 막으면서 자기가 감당할 수 없다는 것을 알지 못한다. 이는 자기 재주가 뛰어나다고 믿기 때문이다."

폭군을 바른 길로 이끌기 위해서는 먼저 자기를 지킬 수 있어야 한다. 자기의 재주를 과신하거나 함부로 드러내게 되면 폭군의 분노를 사게 되고 결국 위험에 빠지게 된다. 그다음 고사는 호랑이의 고사다.

"호랑이 사육사는 호랑이에게 살아 있는 것을 함부로 주지 않는다. 호랑이가 그것을 죽일 때 포악해지기 때문이다. 그리고 사육사는 함부로 호랑이에게 한 마리를 통째로 주지 않는다. 호랑이가 그것을 찢을 때 포악해지기 때문이다."

호랑이가 사육사에게 순종하고 애교를 부리는 것은 호랑

이의 마음에 합당하도록 사육사가 기르기 때문이다. 하지만 자칫 잘못해 호랑이의 본성을 자극하거나 마음을 거스르게 되면 호랑이의 야수성이 드러나 사육사를 해치게 된다. 그다음은 말의 고사다.

> "말을 사랑하는 사람은 광주리로 대변을 받아내고, 자개로 장식한 그릇으로 소변을 받아낸다. 그런데 어쩌다가 모기나 등에가 말 등에 붙어 있는 것을 보고 갑자기 찰싹 때리면, 말은 재갈을 끊고 사람의 머리를 부수고 가슴을 부러뜨린다. 말을 사랑하는 마음은 지극하지만, 말은 그 순간 그것을 잊어버리기 때문이다. 어찌 조심하지 않을 수 있는가."

폭군들은 대부분 감정적이고 종잡을 수 없는 성향을 보인다. 이때 감정을 자극하거나 함께 감정적이 되면 험한 일이 벌어진다. 평소에 폭군에 대해 충성심을 보이고 좋은 관계를 유지하더라도 순간적으로 관계가 깨어지게 되는 것이다.

거백옥이 말해준 세 가지 고사는 모두 '주의하고 조심하라(戒之愼之, 계지신지)'라는 처음의 당부로 귀결된다. 최고 권력자인 왕 앞에서 스스로 겸손하고, 왕의 본성을 인정하고, 매사에 조심하라는 것이다. 왕의 태자를 가르치는 스승이라고 해도 마찬가지다. 태자는 후에 왕위를 이을 존재이므로 오히려 왕보다 더 무모하게 권력을 휘두를 수도 있다. 타고난 교만과 성숙하지 못한 인격은 무슨 일을 저지를지 모른다. 원래 거저 받은 권력자가 더 방종한 법이다.

오늘날 권세를 가진 사람의 위상이나 존재는 그 당시와는 다르다. 무소불위의 권세를 휘두르던 왕과 같지는 않지만, 오히려 더 다양하고 교묘하게 자신이 가진 권력을 이용해 사람들을 억압한다. 높은 지위에 오른 사람은 물론 많은 부를 가진 사람, 학식이 높은 사람 등 다양한 분야의 사람들이다. 밀폐된 작은 조직 안에서만 통하는 권한을 이용해 영향권 안에 있는 사람들을 억압하는 사람들도 있다.

그 방법도 더 다양하고 교묘해졌다. 폭언 등 말로 모욕을 주기도 하고, 폭력이나 성性적으로 괴롭힘을 주는 경우도 있다. 교묘한 방식으로 금품을 착취하는 경우도 있다. 물론 이들과 상종하지 않는 것이 가장 좋겠지만 부득이 함께해야 한다면 스스로를 지킬 수 있는 지혜가 있어야 한다. 먼저 그들의 정상적인 권한은 인정해야 하며, 예의에 어긋나지 않게 행동해야 한다. 그리고 성향과 본성을 잘 파악하여 지혜롭게 대처할 수 있어야 자신을 지킬 수 있다.

하지만 만약 지켜야 할 선을 넘거나 어떤 방법으로도 해결하기 어렵다면 혼자 힘이 아니라 외부의 도움을 구해야 한다. 그리고 더 늦기 전에 밝은 곳으로 끌어내야 한다. 이들은 어둡고 습한 곳에서는 활발하게 활동하지만, 밝은 곳으로 끌려 나오게 되면 곧 사라지는 벌레와도 같은 속성을 지닌 존재들 이다.

진정한 자유는
나의 방향을 알 때 찾아온다

'민주주의의 아버지'로 불리는 기원전 5세기경 그리스의
철학자 페리클레스는 이렇게 말했다.

"우리 정치 체계는 민주주의라고 부르는데, 이는 권력이 소수의
손이 아니라 전 시민의 손에서 나오기 때문입니다."

이러한 통치 방법이 제대로 운영되기 위해서는 시민들이
자신이 속한 사회에서 자유롭게 정치에 참여할 수 있는 기본
적인 소양 교육이 필요했다. 이러한 교육이 로마의 자유교육
으로 이어졌고, 오늘날의 교양교육이 되었다. 애초에 교육은
시민들의 정치 참여를 위한 자질을 키우는 데 목적을 두었던
것이다.

사람들이 노예로서의 삶이 아니라 한 사람의 자유인으로

살기 위해서는 분명한 자의식의 확립이 있어야 한다. 주인이 시키는 대로만 하는 무능한 노예가 아니라 한 사회의 일원으로서 정치적인 활동에 당당히 참여할 수 있는 자존감이 필요한 것이다. 이러한 자존감을 얻게 해주는 것이 바로 '앎'이다. '진리가 너희를 자유케 하리라'는 말씀은 앎을 통해서만이 진정한 자유를 얻고 노예의 삶에서 벗어날 수 있다는 가르침이다.

◆

앎을 통해 진정한 자유를 얻은 사람은 사회에서 존재감을 나타낼 수 있는 '힘'을 가지게 된다. 또 힘은 날 때부터 주어진 사람만의 것이라는 패배주의에서 벗어나 얼마든지 노력으로 얻을 수 있다는 희망을 얻게 된다. 스스로 돌아보고 자신의 존재를 성찰할 수 있는 능력도 얻을 수 있다. 이를 통해 현재의 자신의 삶과 자신이 원하는 삶과의 간극을 좁히려 노력하게 된다.

이러한 자존감과 자기성찰은 사람들이 자신의 진정한 가치와 삶의 의미를 발견하게 함으로써 놀라운 결과를 만들어낸다. 개개인의 삶만이 아니다. 하나의 큰 집단에서 증명된 것도 있다. 미국 시카고대학교를 명문대학으로 만든 '시카고 플랜The Great Book Program'이 바로 그것이다.

1929년 삼류 대학이었던 시카고대학교의 총장으로 취임했던 로버트 허친스는 인류의 지적 유산인 고전 100권을 읽지 않은 사람은 졸업을 시키지 않겠다는 야심찬 계획을 세웠다. 이 플랜이 시행된 이후 마지못해 책을 읽기 시작했던 학생들에게 처음에는 아무런 변화가 일어나지 않았다. 하지만 읽은 책들이 30권이 넘고 50권이 넘어가면서 놀라운 변화가 일어나기 시작했다. 이 대학 출신자들이 노벨상을 받게 되었고, 시카고대학교는 세계적인 명문대학이 되었다.

시카고 플랜에 대한 자성의 목소리도 있었다. 그리스 철학에 많이 의존하는 제한된 커리큘럼, 강박적 책 읽기의 한계성 등으로 소크라테스적인 사고로서는 본질적인 방법이 아니라는 것이다. 하지만 이 대학 출신 얼 쇼리스의 '클레멘트 코스' 이야기를 보면 이 교육이 결코 헛되지 않다는 것을 알 수 있다. 그리고 선한 영향력은 끊이지 않고 이어간다는 희망도 얻게 된다.

클레멘트 코스는 쇼리스가 베드포스힐스 여자 교도소에서 8년이나 수감 중인 한 재소자를 만나는 것에서 비롯되었다. 중범죄자 교도소에서 만났던 비니스 워커라는 이름의 재소자는 "사람들이 왜 가난한 것 같나요?"라는 쇼리스의 갑작스러운 질문에 이렇게 대답했다.

"그 문제는 아이들 이야기에서 시작해야 합니다. 우리 아이들에게 '시내 중심가 사람들의 정신적 삶moral life of downtown'을 가르쳐야 합니다. 가르치는 방법은 간단합니다. 얼 선생님, 그 애들을 연극이나 박물관, 음악회, 강연회 등에 데리고 다녀주세요. 애들은 그런 곳에서 '시내 중심가 사람들의 정신적 삶'을 배우게 될 겁니다."

가난을 해소하기 위해 일자리나 돈에 대해 가르치지 않는 것에 대해 이해하기는 쉽지 않을 것이다. 실제로 미국 최초의 흑인 대통령 오바마도 인문학이 아닌 상거래나 제조업 기술을 배워야 한다고 강조하기도 했다. 쇼리스 역시 처음에는 그랬다. 하지만 쇼리스는 생각을 거듭한 후 그녀의 이 말을 자신의 관점에서 이렇게 해석했다.

"결국 해결의 실마리는 '시내 중심가 사람들의 정신적 삶'에 있는 것이 아니라 정치에 있었다. 정치만이 무력의 보호에서 벗어날 수 있는 길이었다. 그러나 가난한 이들이 공적 세계에 참여하여 정치적 삶을 살기 위해서는 무엇보다도 성찰적 사고를 할 수 있는 능력이 필요했다. 그리고 이 성찰적 사고능력이 바로 비니스가 말하는 '시내 중심가 사람들의 정신적 삶'이었던 것이다. (중략) 정치적 삶이 가난에서 벗어날 수 있게 해주는 길이라면,

인문학은 성찰적 사고와 정치적 삶에 입문하는 입구였다. 가난한 사람들은 자신들을 가난에서 해방시켜줄 사람이 필요하지 않았으며, 그런 탈출구는 진작부터 존재하고 있었다. 그러나 성찰적 사고와 정치에 이르는 길을 열어 제치려면 부자들과 가난한 삶을 준비하는 과정 간의 차이가 제거되어야 한다. 그리고 현대 사회를 작동하는 '게임의 법칙(사실 이것은 미국의 탄생과 함께 미국 사회를 지배해온 사회 작동 기제이다)'은 평등과 동등한 대화를 촉진시킬 수 있는 법칙으로 대체되어야 할 것이다. 이런 일들이 가능하려면 가난한 이들의 삶뿐만 아니라 사회 전체를 개혁해야 한다."

그리고 1995년 가을, 거리의 청소년, 노숙자, 난민, 싱글맘 등 사회에서 소외된 20여 명의 사람들을 대상으로 인문학을 가르치기 시작했다. 쇼리스가 《희망의 인문학》을 통해 주장하는 것은 인문학을 기반으로 하는 생각의 혁명으로 사회 전체를 개혁하는 일이다. 한 마디로 진보적·급진적 인문학이라고 할 수 있을 것이다.

물론 미국뿐 아니라 전 세계적으로, 좀 더 직접적으로 우리나라를 보더라도 부와 물질만을 추구하는 천민자본주의가 만연해 있다. 이러한 세태에서 급진적 인문학에 대한 각성은 필요할지도 모른다. 하지만 우리는 이러한 인문학 공부가 얼마나 개인의 삶을 바꿀 수 있는지, 정말 실현 가능한 일인지에 더 집중할 필요가 있겠다.

실제로 뉴욕에서 시작한 클레멘트 코스는 전 세계 50여 개 지역에서 성공적으로 운영되었고, 우리나라에서도 2006년 첫 졸업생이 탄생하게 되었다. 그리고 지금껏 이어지고 있다. 결국, 사람을 바꾸는 힘의 원천은 공부, 그중에서도 인문학이었던 것이다.

———————————— ◆ ————————————

우리는 공부를 통해 정신적 면에서 크게 두 가지를 얻는다. 한 가지는 스스로 가치를 인정하고, 그 가치에 합당하게 살려고 노력하는 자존감이다. 자존감은 단순히 자신의 욕구를 채우고 무조건 자신을 사랑하는 것과는 다르다. 만약 이런 자기애에 빠지게 된다면 자신이 원하는 것을 얻지 못했을 때 스스로 불쌍히 여기고 연민에 빠지게 된다.

진정한 자존감이란 자신이 소중한 만큼 자신이 원하는 바를 얻기 위해 노력하고, 자신의 삶을 통해 진정한 가치를 만들어가는 것을 말한다. 따라서 진정한 자존감이 있는 사람은 현재의 고난과 어려움에 좌절하거나 포기하지 않는다. 자신이 소중한 만큼 자신의 삶이 소중하고 가치 있다는 것을 알기 때문이다.

또 한 가지는 자기성찰이다. 자기성찰은 스스로 자신의 삶과 행동을 되돌아보는 능력이다. 자신이 소중한 만큼 다른 사람을 존중하고, 그 사람의 의견에 대해서도 균형 잡힌 생각을 하게 된다. 다른 사람에게도 일방적인 자기 생각을 강요하지 않는다. 대립하는 주장이 있을 때 다른 사람의 입장이 되어보는 '역지사지易地思之'도 가능해진다.

진정한 자존감은 높은 지위가 주는 것이 아니다. 그렇다고 강한 자존심은 더더욱 아니다. 오히려 내가 꿈꾸는 이상에 미치지 못하는 나를 부끄러워하는 것이다. 그리고 분발하는 것이다. 그 시작은 어떤 위치에 있든 자신이 서 있는 곳을 정확히 보는 것에서 시작한다. 그리고 자신이 이루고자 하는 미래를 항상 바라보는 것이다. 그곳을 향해 한걸음 한걸음 지치지 않고 나아가는 사람이 진정한 자존감의 사람이다.

제2장

품격을 높이는 공부

나는 더 이상 어제와
같은 삶을 살지 않는다

> "
>
> 우리 모두는 마흔이 되면
> 자신의 얼굴에 책임을 져야 한다.
>
> - 에이브러햄 링컨 -
>
> "

우리 사회의 품격이 높아지려면 그 시작은 바로 우리 자신이다. 사회를 변화시키고 싶다면 우리 자신이 먼저 변해야 하고, 품격 있고 아름다운 사회를 만들려면 먼저 나 자신이 떳떳해야 한다. 한 개인의 품격은 그 인생관과 가치관이 의미가 있고 올바를 때 이루어진다.

무엇을
공부해야 하는가

    고대 그리스에서의 교육은 인본주의와 자유교양교육의 특성을 가지고 있다. 그리스어로 '파이데이아'로 불렸는데, 아동교육의 '놀이paidia'에서 '학교교육paideusis'을 거쳐 '일반교육paideia'으로 정착된 개념이다. 그리스인들은 비교적 자유로운 분위기에서 건강한 신체와 건전한 정신의 조화와 균형을 추구했으며, 아름답고 선한 인간이 되고자 노력했다. 폭넓고 깊이 있는 공부를 통해서 젊은이들을 도시 국가의 건전한 시민으로 키워내기 위함이다. 또한 여가와 다양한 취미활동을 통해 삶의 질을 높이는 데도 중점을 두었다. 그래서 체육·문법·수학·수사학·음악·지리학·수학·자연사·철학 등 폭넓고 다양한 과목을 공부해야 했다.

    이처럼 폭넓은 그리스 교육에서 추구하는 바는 젊은이들을 단순히 한 분야의 전문가로 키우는 데 있는 것이 아니라,

국가의 일원으로서 건전한 자기 의견을 갖고 자기 목소리를 내는 데에 있었다. 건전한 판단 능력과 비판 능력을 지닌 사회의 일원을 키워내는 것이 1차 목표였다. 그들의 이러한 전통은 소크라테스와 플라톤, 아리스토텔레스를 거쳐 로마 시대, 그리고 중세로 이어진다. 그리스는 로마 제국에 항복하여 기원전 146년 로마의 한 지방이 되었다. 하지만 비록 국가적으로는 로마로 편입되었지만, 그리스의 문화와 학문은 오히려 로마의 정신세계를 점령하게 된다. 교육 분야도 마찬가지로 그리스의 파이데이아는 로마의 '후마니타스humanitas'로 이어지게 된다. 로마 시대의 수필가 겔리우스는 다음과 같이 정의했다.

"처음 라틴어 단어를 만들고 이 단어를 제대로 사용할 줄 알았던 옛사람들은, 그리스인들의 진심 어린 마음과 모든 인간을 향해 평등하게 열려 있는 호의를 뜻하는 파이데이아를 후마니티스라 불렀다. 우리는 현재 이것을 유익하고 선하며 좋은 학문을 획득하기 위해 배우는 과정, 즉 교육 혹은 교양이라 부른다. 이러한 학문을 진심으로 열망하고 추구하는 자들이야말로 가장 인간적인 사람들이다. 왜냐하면 이 학문에 열정을 갖는 것과 배우고자 함은 모든 생물 중 인간에게만 주어진 본성이기 때문이다."

그리스의 파이데이아가 로마의 후마니타스가 되면서 특기할 사항은 철학이 외면당했다는 사실이다. 역사는 통치자 개인의 영광을 위해 관심의 대상이 되었던 반면에, 정치학의 범주에 있었던 철학은 철저히 통치자만의 학문이 되어 대중에게 제한될 수밖에 없었다. 로마는 그 당시 시대와 정치 상황에 맞게 대중을 설득하고 움직이게 만드는 수단인 연설에 가장 치중했다.

당대의 철학자들인 키케로와 세네카도 연설학과 연설에 도움을 주는 수사학에 치중하여 공부했고 여러 저서들을 남겼다. 이들은 특히 그들 자신의 연설뿐 아니라 최고 권력자인 황제들의 연설문을 만들어줌으로써 통치에 도움을 주기도 했다. 하지만 역설적으로 황제들은 그들의 능력을 시기했고, 그들을 죽이려고 도모하기도 했다. 대중을 움직이는 연설의 힘을 두려워했기 때문이다.

이처럼 어떤 학문이든지 간에 시대적인 상황에서 자유로울 수 없다. 특히 부를 마치 신앙처럼 숭상하는 '극단의 경제학'이 만연한 오늘날은 부의 획득과 사회적 성공에 도움이 되지 않는 학문은 관심 밖으로 배제될 수밖에 없다. 대표적으로 부의 형성이나 취업에 직접적으로 도움이 되지 않는 인문학은 점차 우리에게서 멀어지고 있는 것이다. 대학에서 취업률이 낮은 학과를 폐지하는 현상은 이와 같은 맥락에서 해석할 수 있다. 학문의 전당이 되어야 할 대학조차도 자본의 논리 앞에서 무력할 수밖에 없는 시대가 된 것이다.

하지만 건전한 사회의 일원이 갖추어야 할 자격으로서, 일과 삶에 새로운 것을 적용할 수 있는 창의력의 원천으로서 무엇보다도 삶의 의미와 가치를 찾는 사람의 학문인 인문학은 오늘날 반드시 우리가 공부해야 할 지혜의 원천이다. 단순히 지식을 아는 공부가 아니라 인문학적인 정신이 우리 삶에서 발현될 수 있어야 한다. 간단한 예로 몇 해 전 타계했던 스티브 잡스를 들 수 있다. 그가 세상을 놀라게 했던 새로운 제품은 모두 인문학적인 삶을 통해서 얻을 수 있었다. 그는 단순한 인문학 지식이 아니라 자신의 삶에서 구현했던 '질문하기' '연결하기' '명상하기' '다르게 생각하기'라는 인문학적 습관을 통해 다 알고는 있지만 적용하지 못하는 것들을 찾을 수 있었던 것이다.

물론 고대 로마에서 중점을 두었던 문법학, 수사학, 연설학은 오늘날에도 반드시 필요한 지식이며 당연히 공부해야 한다. 이런 능력이 뛰어난 사람들이 성공할 확률이 높다는 것도 사실이다. 엄청난 경쟁과 변화의 시대에 자신을 드러내고 생각을 표현하는 능력은 사회생활을 하는 사람이라면 반드시 갖춰야 하기 때문이다. 하지만 이에 그쳐서는 안 되며 내면의 힘을 함께 키워야 한다. 자신을 잘 표현하기 위해서도 스스로 성찰하여 생각을 정립하고, 세상과 자신의 관계를 바로 세우는 든든한 인문학적 기반이 밑바탕이 되어야 하기 때문이다.

키케로는《연설가론》에서 교육의 목적을 인문주의적 교양을 지닌 연설가의 육성에서 찾았다. 그는 시대가 원하는 탁월한 연설가가 되기 위해서는 선천적인 소질과 교육, 그리고 인문학적인 지식과 교양이 반드시 있어야 한다고 주장했다. 키케로 자신도 탁월하고 수려한 문장과 연설 능력을 자랑하는 당대 최고의 연설가였기에 동시대는 물론 후대의 사람들이 본받고 배우려는 동경과 모방의 대상이 되었다.

하지만 많은 사람이 그의 정신은 외면한 채 문장의 형식과 문체만을 모방하는 데 열을 올렸기에, 오히려 키케로가 형식주의자라는 오명을 쓰게 되었다고 한다. '형식적 모방주의'라는 의미의 '키케로주의'라는 말이 태어난 배경이다. 만약 자신의 가르침이 이렇게 평가받는 것을 키케로가 들었다면 정말 억울할 것이다. 진정한 키케로주의는 먼저 내면을 가득 채운 다음 그것이 자연스럽게 배어 나와서 연설이나 글이 되어야 한다.

오늘날 우리가 일반교양교육으로 번역하는 '리버럴 아츠 liberal arts'는 말 그대로 노예가 아닌 '자유인을 위한 교육'을 뜻한다. '아츠arts'는 흔히 예술로 번역되지만, 원래는 학예

(arts&science), 또는 기예라는 포괄적인 뜻이 있다. 단순히 음악과 미술과 같은 분야가 아니라, 우리가 학문이라고 부르는 폭넓은 영역을 말한다. 한때 플라톤이나 아리스토텔레스도 인정했던 노예제도가 있었을 때 '리버럴liberal'은 자유인 또는 노예가 아닌 일반 시민에게 필요한 지성과 교양을 확충하는 공부를 뜻했다. 《옥스퍼드 영어사전》에는 리버럴을 이렇게 설명하고 있다.

"원래 리버럴이라는 말은 자유인에게 어울리는 학예 및 학문적 성향을 지칭하는 통칭어인데, 노예적 혹은 기계적이라는 의미와 반대로 쓰였다. 그러다가 나중에 가서는 '신사에 걸맞은'과 같이 사회적 지위가 높은 사람들에게 적합하거나 어울리는 상태, 일, 직업을 설명하는 용법으로도 이 단어를 사용했다."

따라서 전통적인 관점에서 보면 직업적 전문가를 양성하는 오늘날의 교육은 노예의 공부와 다르지 않다. 물론 노예라는 신분제도 자체가 없는 오늘날 직업적 성공이나 돈벌이, 신분 상승을 위한 공부를 '노예의 공부'라고 하는 것은 시대착오적인 발상이다. 오히려 이러한 공부가 우리 시대의 관점에서는 가장 주류라고 해도 과언이 아닐 것이다. 단지 오직 성공지상주의의 공부만을 추구하고 인간의 자율성과 존엄성,

행복한 삶을 위한 순수한 배움의 추구가 배제된 공부가 되어서는 안 된다. 독립적이며 주체적이고 진정한 자유인이 되기 위한 리버럴 아츠의 공부를 반드시 병행해야 하는 것이다. 이럴 때 오히려 직업인으로서의 성공도 보장받을 수 있다. 오늘날 성공의 가장 핵심적인 요건인 창의적인 발상과 감성 능력은 리버럴 아츠로부터 얻을 수 있기 때문이다.

알버트 아인슈타인은 1952년 〈뉴욕타임스〉 칼럼 '독립적인 사고를 위한 교육Education for Independent Thought'에서 "학생들에게 전문지식만 가르치면 잘 훈련된 개에 불과하다"라고 말했다. 교육이란 세상의 다양한 가치들을 생생하게 느낄 수 있어야 하고, 아름다운 것과 도덕적인 것을 강렬하게 인식할 수 있어야 하기 때문이다. 이것을 위해 아인슈타인은 인문학 교육을 강조했다. 단순히 역사나 철학 지식이 아니라 이러한 교육을 기반으로 스스로 독립적으로 서고, 비판적인 사고능력을 키워나갈 수 있기 때문이다. 그리고 그는 이렇게 결론 내린다.

"가르치는 것은 단순히 막중한 의무가 아니라 가장 귀중한 선물이 되어야 한다."

우리는 아이들을 가르치면서 정작 소중한 것들, 귀중한 선물은 배제하고 있는지도 모른다. 무언가를 이루기 위해 쫓기는 공부에서 기쁨과 행복은 얻을 수 없다. 순간적인 만족과 욕망의 충족을 위한 공부도 마찬가지다. 채워지지 않는 갈망 때문에 언제나 목마른 것이다. 공부는 평생을 두고 하는 것으로 우리는 잘 알고 있다. 그 공부가 오직 출세, 오직 성공만을 위한 것이 된다면 그 삶은 얼마나 삭막할 것인가.

이제 어른이 된 우리에게 가장 필요한 것은 공부의 개념을 바로 세우는 것이다. 공부의 진정한 의미와 가치를 바르게 아는 것이다. 이제 진정한 공부의 본질을 회복해야 할 때다. 우리 안에 있는 공부의 본성이 살아나야 한다. 나의 가치를 높이고, 내 삶을 더욱 풍족하게 만드는 진정한 자유인이 되는 공부. 그 공부를 기다리는 시간은 기쁘고, 공부하는 순간은 행복할 것이다.

쉽게 배운 지식은
쉽게 사라진다

흔히 지식은 공부나 경험을 통해 머릿속에 들어오면 내 것이 되는 것으로 알고 있다. 하지만 안타깝게도 단순히 머릿속에 주입하는 것만으로는 내 것이 될 수 없다. 여기서 우리는 지식의 정의에 대해 다시 생각해봐야겠다. 맨 처음 우리가 얻는 것은 지식이 아니라 단순한 정보나 자료의 상태다. 그 자료가 머릿속에서 생각이라는 과정을 통해 새로운 아이디어나 행동으로 전환될 때 진정한 우리의 지식이 된다. 이 차이는 우리가 적절하게 통제하고, 삶에 적용할 수 있느냐이다.

이전까지는 우리가 전혀 통제하지 못하는 정보였지만, 사고 과정을 통해 새로운 아이디어로 재탄생시킴으로써 통제하고 적용할 수 있는 진정한 우리의 것이 되는 것이다. 즉 진정한 지식이란 배움과 생각이 함께해야 한다. 이 과정을 거쳐 생겨난 새로운 아이디어가 행동으로 연결되고, 이 행동을 통해 또 새로운 경험을 습득함으로써 학습 사이클이 완성된다.

자전거 배울 때를 생각해보자. 자전거를 처음 타는 사람은 몇 번씩이나 넘어지는 과정을 거친다. 매번 넘어질 때마다 왜 넘어졌는지 이유를 분석하고 다음에는 같은 실수를 하지 않으려고 조심하게 된다. 그러면서 차츰 실력이 향상되고 결국 혼자 힘으로 탈 수 있게 되는 것이다. 그 과정을 거치지 않거나 넘어지는 것이 싫어서 포기해버리면 결코 배울 수가 없다.

혹은 모든 것을 이론적으로만 접근하는 사람도 있다. 원심력이니 무게중심이니 하는 이론적으로만 설명하는 사람이다. 소위 모든 것을 책으로만 배우는 유형의 사람이다. 완벽하게 이론을 알고 설명할 수 있다고 해서 자전거 타는 법을 다 배웠다고 할 수가 있을까? 배운 것은 많으나 사회생활에서는 무능한 사람인데, 그들이 가진 지식이 바로 '무용지식'이다. 교실에서는 필요한 지식일지 모르나 실생활에서는 전혀 활용할 수 없는 지식인 것이다.

한 대학교수와 이야기를 나누던 중에 들은 이야기이다. 어려운 입시를 뚫고 명문대에 들어온 학생들이 칠판에 문제를 내면 쉽게 풀지만 어떤 현상을 보고 자기 생각을 말하라고 하면 전혀 입을 떼지 못한다는 것이다. 이것이 바로 정보를 입력만 하고 출력하는 연습을 하지 못한 결과이다. 교실에서 출력을 한다는 것은 배운 것을 기반으로 질문을 하고 토론하며 자기 의견을 발표하는 일이다. 사회에 나와서는 자기 삶에 적용하고 실천하는 것이다. 정보가 범람하는 요즈음에는 이런 공부가 더욱 절실하다. 범람하는 정보를 취사선택하고, 분석하고, 자기 일에 실제로 적용해보고 그 결과를 판단하고 수정해나가는 과정이 필요한 것이다.

정보화 사회가 되면서 정보, 그 자체를 최고로 여기며 정보는 많으면 많을수록 좋다는 사고방식이 우리 사회를 지배하고 있다. 공부를 평가하기 위해 치르는 시험 역시 대부분 얼마나 많은 정보가 머리에 담겨 있는지로 평가한다. 그 정보를 내가 쓸 수 있는 지식으로 만들고, 그 지식으로 새로운 것을 만들어낼 수 있는 창의성 교육은 배제될 수밖에 없다. 특히 대학 입시를 앞둔 고등학교의 경우 창의성 교육을 한다는 것은 불가능한 일이다. 짧은 시간에 치르는 입시에서 실수하지 않고 정답을 쓰기 위해서는 다른 생각은 오히려 방해가 될 뿐이기 때문이다. 설사 그것이 창의적인 생각이라고 해도 마찬가지다.

외부의 정보, 즉 선생님에게 배우는 지식은 과거의 것이다. 사회인이 되어서 각종 강연이나 학원, 책에서 배우는 것도 마찬가지다. 이런 과거의 정보를 미래의 것으로 전환하는 것은 자기 몫이다. 자신의 머리로 생각함으로써 새로운 아이디어를 만들고 행동에 옮겨야 미래의 지식, 즉 활용할 수 있는 지식이 된다. 지식의 수용자가 되었으면 그다음 순서는 새로운 지식을 만드는 창조자가 되어야 한다. 그리고 그것을 일과 삶에 적용함으로써 진정한 지식의 사용자가 될 수 있다.

지식은 많으나 활용할 능력은 없는 학생들은 대학을 졸업하고 사회에 나와서도 마찬가지 일이 벌어진다. 주어진 일, 가르쳐 준 일은 잘 해내지만 자기 머리로 생각해서 하는 일은 어렵다. 첨단지식으로 무장했다는 똑똑한 친구들이 정작 기본적인 직장생활에도 적응하지 못하는 경우가 비일비재한 것이 이것을 말해준다. 만약 뜻하지 않게 전혀 경험해보지 못한 일이 닥치면 소위 '멘붕'이 온다.

우리의 삶은 문제해결의 연속이다. 한 문제가 해결되면 금방 곧 새로운 문제가 앞을 막아선다. 쉽게 해결할 수 있는 문제도 있지만, 그중에는 딱 맞는 정답이 없는 경우도 대단히 많다. 학교에서 정답이 있는 문제만 푼 사람들은 전혀 예상하지 못한 문제가 나오면 도저히 풀 재간이 없다. 학교에서는 탁월한 성적을 자랑했을지 모르지만, 현실에서 바보가 되고 만다.

"지혜가 길거리에서 부르며 광장에서 소리를 높이며 훤화하는 길머리에서 소리를 지르며 성문 어귀와 성중에서 그 소리를 발하여 가로되 너희 어리석은 자들은 어리석음을 좋아하며 거만한

자들은 거만을 기뻐하며 미련한 자들은 지식을 미워하니 어느
때까지 하겠느냐"

《성경》〈잠언〉 1장 20~22절에 있는 지혜의 왕 솔로몬의 가
르침은 우리에게 쓸 수 있는 지식에 대한 지혜를 알려 준다.
지식은 단지 책에서만이 아니라 현실에서 나오고 현실을 통
해 배울 수 있어야 한다. 시끄럽고 번잡한 광장과 길목, 성문
어귀와 성중에서 들려오는 소리를 들을 수 있어야 하고, 나
스스로 소리를 지를 수 있는 지식이 되어야 한다. 내가 배운
모든 지식은 현실에서 활용되고 발휘될 수 있어야 진정한 내
것이다. 이때 필요한 것이 바로 적절히 조화하고 응용할 수
있는 능력이다. 적절한 때에 적절한 지식을 적절한 방법으로
쓸 수 있는 능력이 바로 지식을 지혜로 바꾸는 능력이다.

우리가 학창 시절 책에서 배운 것들은 사실 우리가 현실을
살아가는 데 큰 도움이 되지는 않는다. 실제로 직장에서 간단
한 실무교육을 받은 후, 많은 사람이 자신이 그동안 배웠던
공부가 전혀 쓸모가 없다는 생각에 당황하며 놀라곤 한다. 나
역시 직장생활을 처음 시작할 때 그랬다. 첫 소속부서였던 마
케팅실에서 근무하면서 내가 학교에서 배웠던 마케팅 이론
은 그닥 활용할 길이 없었다. 정작 필요했던 것은 기획서를
잘 쓰기 위한 기획과 글쓰기 능력이었다. 대화를 통해 내 생

각을 상사에게 잘 전달하는 말하기 능력, 전략회의에서 우리 팀의 전략을 잘 표현해 전달하는 프레젠테이션 능력, 상사와 후배, 그리고 거래처들과 좋은 관계를 맺을 수 있는 인간관계의 능력이 필요했다.

바로 이런 능력을 위해 필요한 것이 교양교육, 즉 인문학이다. 수천 년, 수만 년 전부터 우리 인간이 그려온 무늬인 인문학은 오늘날을 사는 데에도 꼭 필요한 학문이다. 글쓰기도, 말하기도, 사람을 설득하는 능력도 모두 그 뿌리는 인문고전이다. 오늘날 가장 중시하는 학문인 경제학·정치학도 마찬가지다. 우리가 배웠던 첨단지식은 채 10년이 지나지 않아 변화에 휩쓸려 사라지지만, 상황을 읽어서 문제를 해결하고, 사람을 알고 미래에 대처할 줄 아는 인문학적인 능력은 영원히 우리에게 남아 있다. 바로 인문학이 사람에 관한 학문이기 때문이다.

사람이 만든 문명과 문화는 그 이면 찬란한 문화라도 시간이 지남에 따라 빛이 가려진다. 하지만 그 문화를 만드는 '사람'은 변함이 없다. 따라서 사람에 관한 학문인 인문학은 오늘날에도, 그리고 미래에도 변함없이 가치를 가진다. 인문학에서 단 하나 변하는 것이 있다면 바로 인문학을 공부하는 '나' 자신이다. 지금보다 더 나은 삶, 가치 있는 삶을 위해 끊임없이 변화를 추구하게 만든다. 우리가 오늘을 잘 살기 위해, 그리고 더 나은 미래를 위해 반드시 인문학을 몸에 지녀야 하는 이유다.

철학자 프리드리히 니체의 《즐거운 지식》에 이런 말이 나온다.

> "책을 뛰어넘는 저편으로 우리를 데려다주지 못하는 책이, 우리에게 무슨 의미가 있겠는가?"

우리를 변화시켜주지 못하는 책, 쓸 수 없는 지식만을 주는 공부는 아무 소용이 없다. 눈앞의 문제를 해결하기 위한 기법만을 배우는 공부도 한계가 있다. 곧 새로운 문제에 부딪히기 때문이다. 진정한 공부란 시간과 상황과 공간을 뛰어넘어 언제 어디서든 쓸 수 있는 지식을 내게 채우는 일이다.

시간은 짧고 배움의 길은 멀다. 지금, 그리고 평생을 두고 쓸 수 있는 지식을 채워야 한다.

한 권의 책이
만들어내는 가치

《논어》는 동양 인문학의 원류이자 동양 정신문화의 근본이 되는 책이다. 하지만 한때 사람들의 많은 비난을 받기도 했는데, 비난하는 주체도 다양했다. 고대 중국 진시황의 '분서갱유焚書坑儒' 대상이 되기도 했고, 중국 마오쩌둥의 문화대혁명에서 엄청난 수난을 당하기도 했다.

서양의 철학자 역시 정치적인 이유는 아니었으나 어설프게 비난에 동참했다. 독일 사회학자 막스 베버는《논어》를 '인디언 추장의 말과 같다'고 정의했다. 인디언 추장들은 한마디를 해도 그 속에 깊은 철학과 자신의 인생관을 담기 때문에 같은 문화의 사람이 아니면 그 뜻을 알기 어렵다.《논어》역시 그 함축적이고 추상적인 의미로 마치 인디언 추장의 말처럼 그 뜻을 알아차리기가 어렵다는 말이다. 이에 그치지 않고 베버는《논어》에 있는 유명한 문장 '군자는 그릇이 아니다

(君子不器, 군자불기)'를 두고 동양의 후진성을 상징하는 말이라고 주장하기도 했다. 동양의 낙후성이 이러한 직업적 윤리 의식과 전문성의 부재에서 비롯되었다는 것이다.

하지만 공자가 말했던 '군자불기'란 단순히 군자의 직업적인 기능을 말하는 것이 아니라, 베버가 도무지 알 수 없는 더 깊은 의미를 담고 있다. '군자'란 학문의 수양뿐 아니라 다양한 경험과 유연한 사고로 사람과 세상에 대해 두루 통할 수 있는 폭넓은 사람이 되어야 한다는 가르침이다. 또한, 고지식하고 꽉 막힌 사고가 아니라 때와 상황에 따라 조화롭게 대응할 수 있는 능력도 갖추어야 한다. 여기서 우리는 시간과 지역, 그리고 문화적인 한계로 인한 소통과 이해의 부족을 잘 알 수 있다. 베버와 같은 차원이 높은 학자도 자신이 깊이 이해하지 못하는 동양철학에 대해서는 오해를 하고 오류를 범하는 것이다.

하지만 이러한 비난은 비단 서양에 국한된 것은 아니다. 우리나라에서도 이런 비난은 예외가 아니었다. 대표적인 것이 《공자가 죽어야 나라가 산다》라는 책이다. 꽤 오래전 나왔던 이 책이 유명해지면서 유교적인 사고방식이 나라를 망치고 있다는 데 많은 공감을 얻었다. 사회적으로도 속이 꽉 막히고 융통성이 없는 사람을 '공자와 같다'고 하고, 시대에 뒤떨어진 말을 '공자 말씀'이라고 비아냥거리기 시작했다.

하지만 공자의 학문과 철학을 이었던 맹자는 공자를 두고 "성인으로서 때를 잘 알아서 행동했던 사람(聖之時者也, 성지시자야)"이라고 했다. "속히 해야 하면 속히 하고, 오래 있을 만하면 오래 있고, 머무를 만하면 머무르고, 벼슬을 할 만하면 벼슬을 했다"고 하며, '모든 일을 욕심에 따라 하지 않고 때와 상황에 맞춰서 처신했기' 때문에 성인 중에서도 '집대성集大成'을 했던 사람이라는 것이다. 집대성은 요즘도 우리가 흔히 쓰는 '여럿을 모아 하나의 체계로 종합하다'는 뜻의 용어로 《맹자》가 바로 이 말의 원작자이다. 맹자의 이 말은 앞서 언급했던 공자의 군자불기와도 통한다. 학문과 철학적 깊이는 물론 시와 음악 등의 예술에도 능통했고, 활쏘기, 마차 몰기와 같은 잡기에도 능했던 공자의 모습을 의미하는 말이라고 할 수 있다.

공자가 때와 상황에 따라 잘 처신을 했다는 말은, 각각의 시대와 상황에서 보편적인 학문을 했다는 의미와도 같다. 따라서 공자의 학문은 약 2,500년의 시간을 거슬러 올라온 오늘날에도 통하는 가장 실용적이며 현실적인 학문이라고 할 수 있다. 시간의 흐름에 따라 문화와 문명도 바뀌고, 사람도 바뀌지만 어떤 상황에서도 변함없이 적용할 수 있는 학문인 것이다.

이것을 잘 말해주는 '반부논어半部論語'의 고사가 있다. 송나라의 태조 조광윤을 도와서 송나라를 일으키는 데 큰 공을 세웠던 조보라는 인물에 관한 이야기다. 조보는 태조에 이어 즉위했던 태종을 도와서 승상의 직책을 훌륭하게 수행했는데, 그의 능력을 시기한 사람들이 "조보는 읽은 책이라고는 《논어》의 반밖에 되지 않기 때문에 중책을 맡길 수 없다"는 소문을 퍼뜨렸다. 이 소문을 들은 태종이 불러 내막을 묻자 조보는 이렇게 대답했다.

"신이 평생에 아는 바는 진실로 《논어》를 넘지 못합니다. 그러나 그 반 권의 지식으로 선왕께서 천하를 평정하시는 것을 보필했고, 지금은 그 나머지 반으로써 폐하께서 태평성대를 이룩하시는 데 도움이 되고자 합니다."

조보는 자신을 겸손하게 표현했지만, 실제로 조보가 죽은 후 책장을 정리하자 그곳에서 오직 《논어》 한 권만이 나왔다고 한다. 이것을 보며 우리는 《논어》가 혼란의 시기에 나라를 창업하는 것뿐만이 아니라 나라를 태평성대로 다스리는 데에도 필요한 소중한 지혜를 담고 있다는 것에 공감할 수 있다. 깊이를 알 수 없는 철학을 다루고 있는 책이면서 현실에 적용할 수 있는 가장 실용적인 지혜가 논어에 담겨 있는 것이다.

이것은 오늘날에도 마찬가지다. 《논어》는 근현대의 많은 경영자들에게 기업 경영의 모범이 되고 영감을 주는 책으로 손꼽히고 있다. 우리나라 대표 기업 삼성의 창업자 고故 이병철 회장을 비롯하여 '일본 자본주의의 아버지'로 숭앙받는 시부사와 에이이치, 중국 최고의 재벌 리자청까지 동양을 대표하는 기업인들은 《논어》를 통해 기업을 경영하고 큰 발전을 이루었다는 공통점이 있다.

하지만 《논어》의 가치는 오히려 다른 데 있다. 단순히 기업을 일으키고 발전시키는 것보다 오히려 기업의 올바른 가치관을 심어주는 데 더 큰 역할을 한다. 오직 돈을 벌고 성장하는 목적이 아니라 올바르고 정의로운 방법으로 돈을 벌고, 그 돈으로 사람과 사회를 이롭게 하는 데 진정한 가치를 두라는 바른 기업관이다. 이러한 부에 대한 철학의 근간은 바로 《논어》에 실려 있는 '견리사의見利思義' '견득사의見得思義'의 같은 뜻을 가진 두 가지 짧은 성어에 담겨 있다. '이익이 되는 일을 보게 된다면 먼저 그것이 의로운 일인지 생각하라'는 부의 철학이다.

공자는 부를 추구하는 일 자체를 하지 말라고 한 것이 아니라, 부를 추구하되 그 일이 정의롭고 바른 일인지를 먼저 생각하라고 했다. 이 말은 오늘날 부에 집착하는 사회적 풍조와 부의 대물림을 위해 수단 방법을 가리지 않는 현실에 대한 촌

철살인의 충고가 아닐 수 없다. 이것을 미루어보면《논어》에 실려 있는 말들은 결코 인디언 추장의 말처럼 추상적인 것도 아니고, 나라를 망치는 고리타분한 사상도 아니다. 오늘날 다양한 분야에서 통찰과 지혜를 얻을 수 있는 소중한 진리다.

처음 고전을 접하는 사람들에게《논어》는 읽기에 결코 만만한 책은 아니다. 용기를 내어서《논어》를 손에 잡는다 하더라도 몇 장 넘기지 못하고 덮어버리는 사람도 분명히 있을 것이다.

나 역시 마찬가지였다. 물론 그전에도 '온고이지신溫故而知新' '화이부동和而不同' 등《논어》에 나오는 유명한 구절들을 인용하며 잘난 체한 적은 있었지만, 막상 본격적으로 책을 펼치니 얼마 지나지 않아 마치 벽 앞에 선 듯한 막막한 느낌이 들었다. 어떤 구절은 너무나 당연한 이야기라 여기서 무엇을 배울까, 고민스럽기도 했다. 한편으로는 무슨 말을 하는지 도무지 헤아릴 수 없는 심오한 글도 있었다.

냉탕과 온탕을 오가며 차라리 다른 책을 읽을까, 유혹에 흔들리기도 했지만 알든 모르든 읽어나가기 시작했다. 그러면서 고전을 읽는 방법과 지혜도 조금씩이나마 얻기 시작했다. 모르는 것이 있다고 해서 그것에만 집착하는 것이 아니라 모르는 것이 있어도 쭉쭉 읽어나가면서 조금씩 재미도 느끼게 되었다.

그 과정을 거듭하니 서서히 가려져 있던 의미가 드러난다는 것도 깨닫게 되었다. 특히 《맹자》《대학》《중용》등 사서四書를 비롯한 동양의 철학책들을 읽어나가며 《논어》의 의미와 가치를 더욱 깊이 알게 되었다. 동양철학의 대표적인 책들은 모두 《논어》의 주석과도 같았다. 《논어》를 읽으며 알지 못했던 것들을 이 책들을 통해 알게 되었고, 숨겨져 있던 더 깊은 의미를 깨닫게 되기도 했다. 공자의 제자 자하가 말했던 공부의 방법인 '박학근사博學近思', 즉 '폭넓게 공부하고 가까운 데서 미루어 생각하라'가 가르치는 바를 실제로 경험했던 것이다.

물론 지금도 《논어》에 대해 다 안다고는 할 수 없다. 감히 조금이나마 안다고 자부하는 것은 교만일 것이다. 하지만 조보가 반 권의 《논어》로 나라를 일으키고 나머지 반 권으로 나라를 다스렸던 것처럼, 《논어》를 미흡하게나마 안다는 것은 오늘날에도 엄청난 힘이 된다는 것은 확신한다.

지금 어떤 일을 하고 있더라도 《논어》를 읽어보라고 권하고 싶다. 얼마 지나지 않아 삶의 의미를 생각하게 되고, 삶의 격이 한 단계 높아지고, 하는 일에 더욱 자신감을 얻게 될 것이다. 또한 융합의 시대인 오늘날 기존에 가지고 있던 지식과 어우러져 남다른 창의적인 결과를 만드는 중요한 통찰을 얻을 수 있다. 막막한 상황이 닥쳤을 때 그 어려움을 돌파하는 해결책을 얻을 수 있는 것도 역시 《논어》의 지혜다. 반 권의 책이 나라를 일으켰다. 한 권의 책은 과연 무엇을 우리 인생에 줄 수 있을까?

19세기 최고의 사상가를
만든 독서법

자유自由: 남에게 구속받거나 무엇에 얽매이지 않고 자기 마음대
로 행동함.

사전에서는 자유를 이렇게 정의하고 있다. 자유라는 단어
를 짧은 문장으로 해석하자니 지나치게 단순화된 것 같기도
하다. 실제로 이 자유라는 단어는 이미 오래전부터 가장 많이
왜곡되어왔고, 침해된 것이 사실이다. 요즘도 개인적으로나
사회적으로 가장 많이 언급되지만, 그 정확한 해석에 관해서
는 많은 쟁점을 만들고 있다.

그 이유는 여러 가지가 있겠지만 가장 쉽게 떠오르는 것은
인간은 사회적 동물이라는 아리스토텔레스의 선언이다. 사
람은 혼자서는 살 수 없기에 집단을 이루어야 하고, 관계를
맺어야 한다. 자유라는 단어 역시 마찬가지다. 혼자서 살 때

자기 마음대로, 자연인으로 사는 것은 누구라도 할 수 있고, 말릴 필요도 없다. 하지만 집단 속에서는 항상 상대가 있다. 그때 가장 많은 분쟁을 일으킬 수 있는 것이 바로 '자유'라는 개념이다. 한 사람의 자유는 그 상대가 되는 다른 사람에게는 제약이 되고 침해가 될 수 있기 때문이다. 《자유론》의 저자 존 스튜어트 밀은 자유의 개념을 이렇게 정의했다.

"인간이 개인적으로나 집단적으로 어느 한 사람의 자유에 정당하게 개입할 수 있는 유일한 경우는 자기 보호를 위한 경우밖에 없다. (중략) 한 사람의 행동 가운데 그가 사회적 책임을 지는 유일한 부분은 타인과 관련한 부분이다. 단지 그 자신만 관련되는 부분에서는 그의 독립성은 당연히 절대적이다. 그 자신에 대해서는, 그 자신의 신체와 정신에 대해서는 그 개인이 주권자이다."

밀의 이 주장은 밀이 활동하던 시대뿐 아니라 오늘날에도 자유에 대한 가장 대담하고 단순·확고한 원칙으로 인정되고 있다. 물론 많은 학자들이 찬성과 이견, 그리고 반대되는 학설을 제기했지만, 그것은 우리가 쉽게 판단할 수 있는 주제는 아닐 것이다. 단지 우리의 관심을 끄는 것은 무엇이 19세기 최고의 사상가이자 지성으로 손꼽히는 존 스튜어트 밀을 만들었냐는 것이다. 그는 자유라는 개념을 철학적 원리로 분석하고, 사회적·윤리적 차원으로 구체화함으로써 현대 민주주의와 사회주의 모두에 사상적 기반을 제공했다. 또한 필생의 역작으로 꼽히는 《정치경제학원리》를 통해 정치학과 철학, 그리고 경제학에도 정통한 최후의 정치경제학자로 인정된다. 과연 그는 어떤 공부를 통해 이러한 세계적 천재의 반열에 오를 수 있었을까?

그는 《자서전》에서 평범한 사람, 아니 그의 표현을 빌리자면 평균 이하의 머리를 가진 사람이 어떻게 인문독서를 통해 천재의 반열에 들 수 있었는지를 생생하게 보여준다. 그의 독서법은 서양 지식층의 귀감이 되어 자녀교육에 적용되었고, 윈스턴 처칠, 토마스 에디슨, 알버트 아인슈타인 등 수많은 천재를 탄생시킨다. 이들이 처음의 어려움을 극복하고 인류의 미래를 바꾼 위대한 업적을 이루게 하는 데에도 큰 힘이 되었던 것이다.

물론 이들이 위대한 일을 이루게 된 것은 그들이 원래부터 남다른 탁월함이 있었기에 가능했다고 생각할 수도 있다. 하지만 그가 영향을 끼쳤던 것은 단지 뛰어난 개인이 아니라 대학이라는 큰 집단의 변화도 있었다. 앞서도 소개했지만, 20세기 초반 삼류 대학에 머물던 시카고대학교의 대변신을 이끌었던 '시카고 플랜'의 모범은 바로 밀의 독서법이었다.

이처럼 개인은 물론 한 대학의 차원을 높여준 그의 독서법은 《자서전》에 상세하게 실려 있지만, 대강을 살펴보면 이렇게 정리할 수 있다. 먼저 그의 천재교육의 기반은 학교가 아니라 그 당시 최고의 사상가 중의 한 사람이었던 아버지, 제임스 밀의 가정교육으로 이루어졌다. 세 살 때부터 아버지가 곁에 두고 철저히 계획적인 공부를 시켰기에 남보다 25년을 앞서갈 수 있었다고 그는 말하고 있다. 또 한 가지는 철저하게 주입식 교육을 배제했다는 점이다. 그의 아버지는 아들에게 기억력의 단순한 연습이 아니라 완전한 이해를 요구했다. 밀은 끊임없는 생각을 거듭하면서 혼자 힘으로 해답을 찾는 연습을 해야 했다.

◆

밀의 힘이 된 또 한 가지는 남다른 독서다. 그는 세 살 때 그리스어를 독학한 다음 맨 처음 《이솝 우화집》을 통독했다. 그리고 헤로도토스의 모든 저서, 플라톤의 《대화편》 등 그리스 산문작가의 책을 비롯하여, 《로마사》 《고대사》 《플루타르크 영웅전》 등의 역사서를 읽었다. 그다음 라틴어를 독학으로 배워 《일리아스》 《오디세이아》를 비롯하여 아리스토텔레스의 《수사학》 등을 열두 살까지 모두 읽었다. 그 독서량도 방대하지만, 더 중요한 것은 바로 체계적인 독서법이었다. 바탕이 된 것은 논리학으로, 밀은 아리스토텔레스의 논리학 책인 《오르가논》과 함께 스콜라 철학자들의 책들과 홉스의 계산학을 독파한다. 그리고 열세 살이 되면서 아버지의 절친한 친구였던 리카도의 경제학을 배웠고, 애덤 스미스의 저서를 배웠다.

그다음으로 방대한 밀의 독서를 완성시킨 것은 바로 토론이었다. 어린 시절부터 항상 아버지와 함께 그날 배운 내용을 토론함으로써 온전히 자신의 것으로 만들었다. 그리고 아버지의 명령으로 날마다 자신이 배운 것을 동생에게 가르쳐주어야 했다. 많은 공부 시간을 빼앗기기에 그는 가르치는 일을 싫어했으나, 훗날 이 훈련을 통해 많은 소득을 얻을 수 있었다는 것을 솔직하게 인정했다. 가르침을 통해 한 번 더 생각하고 표현함으로써 지식을 완전히 자신의 것으로 만들 수 있었디고 그는 회고한다.

열여섯 살이 되면서 명망 있는 아버지의 친구들에게도 가르침을 받았는데, 그 방법은 바로 담론이었다. 다양한 토론의 과정을 통해 정치 도덕과 철학의 여러 분야에서 큰 교훈을 얻었을 뿐 아니라, 지적으로 뛰어난 사람들과의 대화를 통해 생각하고 발표하는 능력을 더 높은 차원으로 올릴 수 있었다.

여기서 한 가지 밀의 독서법이 가진 특징은 바로 글쓰기다.

단순히 지식을 머릿속에 쌓아나간 것이 아니라 글쓰기를 통해 체계적으로 생각을 정리할 수 있었다. 특히 역사를 좋아했던 그는 다양하게 읽은 역사책을 기반으로 자신이 직접 역사책을 쓰는 것을 좋아했다. 고대 그리스 시대로부터의 많은 역사책에서 추려낸 자료로 자신이 직접 《로마사》를 지었고, 《고대 세계사》《네덜란드사》《로마 정치사》 등 책을 직접 집필했다. 이를 통해 문장력, 표현력, 사고력, 그리고 자신을 돌아보는 성찰의 능력도 당연히 자라게 되었을 것이다. 글쓰기를 통해 자신의 장점은 물론 부족함을 발견하고 더 노력하는 계기도 찾을 수 있었다.

◆

생각만 해도 막막한 19세기 탁월한 지성인의 공부법이 오늘날의 시점에는 맞지 않는 점이 분명히 있을 것이다. 현실에 맞지 않는 것도 있을 것이고, 평범한 사람이 바로 적용하기에는 장점보다는 단점이 더 많을 수도 있다. 아니, 불가능하다고 하는 것이 더 맞을 것이다. 여기서 우리가 생각해야 할 점은 바로 그의 공부법의 핵심을 찾는 것이다. 그리고 우리 상황과 현실에 맞게 적용하는 것이다.

첫째는 인문학 공부의 이점이다. 인문학 공부를 통해 그는 생각하는 방법을 배웠고, 자신의 학문을 정립하는 근본을 세울 수 있었다. 인문학은 모든 학문의 뿌리인 만큼 어떤 공부를 하더라도 밑바탕이 될 수 있다. 공부를 더 효율적으로 할 수 있는 방법을 얻을 뿐 아니라 다른 학문과 통섭하여 새롭고 창의적인 결과를 얻을 수도 있다.

둘째로 '아웃풋output'의 중요성이다. 밀은 단순히 지식을 '인풋input'하는 데 그치지 않고, 끊임없이 '아웃풋'을 했기에 자신이 얻은 지식과 온전한 일체가 될 수 있었다. 독서가 지식의 인풋이라면 그가 아버지와 했던 토론, 동생을 가르침, 아버지 친구들과의 담론은 모두 지식의 아웃풋이다. 지식을 머릿속에만 묵히면 시간이 지나면서 망각하게 된다. 아웃풋을 통해 생각, 비판, 수정, 발표라는 사이클을 거친다면 다시 새롭게 나의 머리로 들어올 수 있다. 내가 미처 생각하지 못했던 바를 상대방으로부터 얻을 수도 있으므로 이 과정을 통해 읽은 지식이 진정한 나의 지식이 되는 것이다. 당연히 나의 지식으로 상대방 역시 도움을 받는다.

물론 어린이가 아닌 성인이 존 스튜어트 밀처럼 천재가 되는 것을 목표로 공부하는 것은 아닐 것이다. 하지만 지금부터라도 공부의 원칙을 알고 제대로 된 공부법으로 공부할 수 있다면 훨씬 효율적이고 실질적이며 적용 가능한 지식을 얻을 수 있다.

머릿속에 묵혀 있다가 언제인지도 모를 순간에 휘발되는 지식이 아니라 삶과 일에서 언제나 쓸 수 있는 지식이 온전한 진짜 지식이다. 기억의 저장고에서 필요할 때마다 꺼내서 쓸 수 있는 보물은 누구에게나 있다.

사회의 품격은
개인의 품격에서 시작된다

헨리 데이비드 소로는 1817년에 태어난 19세기 사람으로 명문 하버드대학교를 졸업했다. 하지만 부와 명성을 쫓는 대신 스스로 '자발적인 빈곤'의 삶을 살았다. 고향 메사추세스주 콩코드에 있는 월든 호숫가에서 2년간 생활하며 자신의 경험을 《월든》이라는 책에 담았다. 책에서 그는 당시 팽배했던 물질주의적이며 성공지향적인 세태, 본성을 잃어가고 있는 인류에 대해 경종을 울렸다. 특히 지혜를 사랑하는 지식인들조차 삶다운 삶을 사는 철학의 본질을 추구하는 것이 아니라 세속적인 욕망에 타협하며 사는 모습을 안타까워했다.

"오늘날 철학 교수는 있지만 철학자는 없다. 삶다운 삶을 사는 것이 한때 보람 있는 일이었다면 지금은 대학 강단에 서는 것이 그렇단 말인가? 철학자가 된다는 것은 단지 심오한 사색을 한다거나 어떤 학파를 세우는 것이 아니라, 지혜를 사랑하고 그것의 가르침에 따라 소박하고 독립적인 삶, 너그럽고 신뢰하는 삶을 살아나가는 것을 의미한다. 철학자가 되는 것은 인생의 문제들을 일부분이나마 이론적으로, 그리고 실제적으로 해결하는 것을 뜻한다. 위대한 학자들과 사상가들의 성공은 군자답거나 남자다운 성공이 아니고 대개는 아첨하는 신하로서의 성공이다. 그들은 자기 조상들이 그랬던 것처럼 적당히 타협하면서 그럭저럭 살아가기 때문에 보다 고귀한 인간류의 원조는 될 수 없다."

설사 사회에서 성공하여 부를 쟁취한 사람이라고 해도, 그 내면이 충족되지 못하면 무력감을 느낄 수밖에 없다. 누구도 외적인 화려함으로 내면의 부실함을 채울 수 없다. 물론 사람들은 그 사실조차 깨닫지 못하고 만족하며 살아간다. 설사 뒤늦게 깨우친다고 해도 자기 대에서는 어렵고 자녀 대에서 이루게 되는데, 오직 그런 사람만이 명망 있는 가문을 일구어낼 수 있다.

"무식하고 냉소적인 장사꾼이 열심히 사업을 해서 바라고 바라던 여유와 자립을 이루면 그는 부와 유행의 사회에 일원으로 끼게 된다. 그러나 그다음에는 필연적으로, 더 높은 그러나 아직은 접근이 불가능한 지성과 천재의 사회 쪽으로 눈길을 돌리지만,

자기의 교양 부족을 통감하게 되며 많은 재산으로도 어쩔 수 없는 무력감과 공허감을 느낀다. 그러나 이때 그는 양식을 발휘하여 자기 자식들만큼은 스스로 부족하다고 뼈저리게 느끼는 지적 교양을 갖추게 하기 위해 온갖 노력을 기울이는데, 이렇게 함으로써 그는 한 가문의 창시자가 되는 것이다."

그는 《월든》을 통해 지식인들뿐 아니라 평범한 일반인들 역시 단순히 글을 읽을 줄 아는 것에 만족하지 말고, 지적인 기능을 깨울 수 있는 진정한 의미의 독서를 해야 한다고 말한다. 바로 인문고전의 독서가 그런 기능을 하는 것이다. 단순히 장사를 위해서거나, 가벼운 흥미를 채우기 위해 독서를 심심풀이로 해서는 전혀 지적인 운동을 할 수 없고, 삶의 품격도 높아지지 않는다. 이런 사람은 당연히 명망 있는 가문을 만드는 데에도 한계를 느낄 수밖에 없다.

"우리는 버릇이 없고 무식하며 천박한 삶을 살고 있다. 내가 말하고자 하는 것은 책을 전혀 읽지 못한 사람의 무식과, 어린애들과 지능이 낮은 사람들을 위한 책만 읽는 사람들의 무식 사이에 그리 큰 차이를 두고 싶지 않다는 것이다."

소로는 바로 이러한 생각을 바탕으로 자신이 사는 마을에 성인을 위한 교육 시설을 만들자고 제안한다. 훌륭한 학자들을 모시고 와서 교양교육을 받게 하고, 생계에 치중하느라 등한시했던 공부를 계속하게 하자는 것이다. 공회당 건설과 같은 겉치레를 위한 투자보다는 '살아 있는 지혜'를 초빙하여 마을 사람들의 교양을 넓히고 세상을 보는 안목을 넓혀나가자는 제안이다. 소로는 단순히 지식을 머릿속에 쌓는 일이나 뛰어난 명문대를 통해 훌륭한 인재를 만드는 것보다 마을, 즉 사회의 품격을 높이기 위해 교육의 기회를 제공하는 일이 우선이라고 생각했다. 그럴 때 우리 사회 구성원들의 지혜와 품격이 높아지고 이러한 품격이 더 큰 사회로, 나라로까지 넓혀져 나갈 수 있다는 것이다.

여기서 우리는 소중한 지혜를 하나 얻을 수 있다. 우리 세계, 우리나라, 우리 사회의 품격을 높이기 위해서는 우리 마을, 그리고 마을을 이루는 개개인에서부터 시작되어야 한다. 우리는 개탄할 만한 일들이 발생하는 것을 보면서 흔히 우리 사회가 품격이 없는 천박한 사회가 되었다고 한탄한다. 하지만 분명한 것은 우리 자신이 사회의 일원이라는 사실이다. 우리 사회의 품격이 높아지려면 그 시작은 바로 우리 자신이다. 사회를 변화시키고 싶다면 우리 자신이 먼저 변해야 하고, 품격 있고 아름다운 사회를 만들려면 먼저 나 자신이 그 점에서 떳떳해야 한다. 한 개인의 품격은 그 인생관과 가치관이 의미가 있고 올바를 때 이루어진다. 설사 부족하다고 해도 노력하고 있다는 점에서는 부끄럽지 않아야 하는 것이다.

소로가 살고 있던 그 시절보다 오늘날은 훨씬 더 물질주의가 심각해졌고, 오직 부의 추구가 개인과 사회의 목적이 되는 극단적인 경제학의 시대가 되었다. 구성원들이 부를 추구하는 것을 삶의 목적으로 삼을 때 그 사회는 결코 품격 있는 사회가 될 수 없다. 그리고 개인의 삶의 목적은 그들의 평범한 일상에서 드러난다. 사회의 품격이란 각 구성원의 일상의 모습으로 형상화된다. 길에서 만나는 사람들, 매일 대하는 이웃들의 모습에서 사회의 품격이 드러나는 것이다.

소크라테스는 젊은이들에게 "끊임없이 거울에 자신의 모습을 비춰보고, 아름답다면 그것에 걸맞은 사람이 되도록 노력하고, 추하다면 교양으로 그 추한 모습을 덮도록 하라"고 권했다. 물론 소크라테스가 외모지상주의적인 관점에서 이런 이야기를 했던 것은 아니다. 외모를 꾸미는 것이 아니라 공부를 통해 얻을 수 있는 교양으로 자신의 품격을 드러내라는 충고인 것이다. 이 말은 링컨이, "우리 모두는 마흔이 되면 자신의 얼굴에 책임을 져야 한다"고 말했던 것과 일맥상통한다.

《예기禮記》〈학기學記〉에는 "옥은 갈고 다듬지 않으면 옥 그릇을 만들 수 없고, 사람이 학문을 닦지 않으면 인간의 도리를 알 길이 없다"고 실려 있다. 아무리 귀한 옥이라고 해도 다듬지 않으면 하찮은 돌로 취급받는 것처럼, 사람 역시 공부를 통해 다듬어야 자신의 재능과 가치를 세상에 드러낼 수 있다. 이 말이 사람의 가치를 높이기 위해 공부가 꼭 필요하다는 뜻이라면, 《학산당인보學山堂印譜》에 실려 있는 말은 사람의 품격을 높이기 위한 가르침이다.

"사람의 속됨을 고치는 데는 책만 한 것이 없다."

원문으로는 '의속막여서醫俗莫如書'다. 설사 지금 당장은 속된 사람이라도 책을 통해 고침을 받을 수 있다는 말이다.

그러면 한 사람이 품격이 있다는 것은 어떤 의미일까? 흔히 품격이 있다는 것을 사회적 지위가 높거나 신분이 높은 것으로 생각하기 쉬운데, 엄밀한 의미에서 사람의 품격이란 사회의 일원으로서 마땅히 해야 할 일을 하는 것을 뜻한다. 당연히 해서는 안 되는 것을 하지 않는 것이다.

물론 사회지도층에게 더 엄격하게 그 책임과 의무를 요구하는 '노블레스 오블리주noblesse oblige'도 중요하다. 하지만 품격이란 단지 사회지도층의 책무만이 아니라 한 사회를 이루는 모든 구성원들이 지녀야 할 진정한 자유인으로서 삶을 살아나가는 자세이자 모습이다. 스스로 삶에 뚜렷한 주관을 가지고, 다른 사람을 배려하는 역지사지의 상상력을 몸에 갖추고, 인간의 존엄성을 해치는 다양한 차별 앞에서 당당하게 맞서며 인간답게 살아가는 것이 바로 품격이 있는 삶이다.

이를 통해 보면 사람의 품격이라는 것은 바로 인문학 공부의 목적이며, 인문학적인 공부를 통해 얻을 수 있는 '교양'과도 일치한다. 독일어로 교양은 '빌둥bildung'이라고 하는데, 이렇게 정의한다.

"학습과 지식을 축적해가는 과정을 통해 인격을 형성해가는 것. 개성이 있는 인간이 자아를 실현해가는 것."

플라톤이나 아리스토텔레스와 같은 서양의 고전 철학자들은 '노예가 아닌 남성이 사회의 일원으로서 당당히 자신의 의견을 피력할 수 있는 판단능력과 지혜'라고 말한다.

오늘날 현대인의 품격이란 '자신의 직업적 성공을 위한 전문 공부 외에 문학, 철학, 예술 등 인간의 삶을 순수하고 풍부하게 만드는 공부를 통해 개성 있고 자유롭게 자아를 실현해나가는 과정'이라고 정의될 수 있다. 날마다 꾸준히 쌓아 올린 지식과 삶에서 실천하는 교양이 드러내지 않아도 자연스럽게 드러나는 사람, 품격의 사람이다.

제3장

삶과 사람에 대한 공부

본질을 깨달아
핵심을 통찰하다

> ❝
>
> 모든 인간은 본성적으로
> '앎'을 얻기 위해 애쓴다.
>
> - 아리스토텔레스 -
>
> ❞

배움이란 우리가 더 나은 삶을 살 수 있도록 이끄는 하늘이 준 선물이자 우리의 본성이다. 올바른 방법을 찾아 최선을 다할 때 우리의 지적 열망이 바르게 충족될 수 있다. 힘들기만 했던 인생이 행복해지는 비결이기도 하다.

배움이란
무엇인가

그리스 7현 중에서 첫 손에 꼽히는 탈레스는 여러 가지 재미있는 일화들로 잘 알려진 철학자다. 밤하늘을 관찰하기 위해 하늘을 보다가 웅덩이에 빠져 하녀에게 비웃음을 당했다는 이야기는 아마 들어본 적이 있을 것이다. "우주의 이치를 탐구하는 분이 발 앞의 웅덩이도 못 보십니까?"라는 하녀의 말은 학문에 빠져 세상 물정에 어두운 학자들을 비웃는 말로 많이 인용된다. 하지만 이 이야기를 두고 플라톤은 진정한 철학자의 모습이라고 자랑스럽게 여기기도 했다. 열정과 몰입이 없이는 어떤 것도 제대로 이룰 수 없다는 것을 위대한 학자들은 이미 잘 알고 있었으니까.

흔히 소크라테스의 말로 잘 알려져 있는 "너 자신을 알라"는 말도 저작권이 그에게 있다고 주장하는 그리스 시인도 있다. 그 무엇보다도 인간이 무엇인지, 인간으로 태어났다면 무엇을 해야 하고, 무슨 일을 겪어야 하는지에 대한 철학적인 탐구가 그로부터 시작됨으로써 '철학의 아버지'라고 불리는 사실만으로도 충분히 존재감이 있다고 할 수 있을 것이다.

탈레스는 영혼불멸설을 주장했던 첫 번째 사람으로 꼽힌다. 이후 피타고라스, 소크라테스 등으로 영혼불멸설은 이어져 내려왔다. 수학자로도 잘 알려진 피타고라스는 자신이 전생에 살았던 것을 모두 기억하고 있다고 주장했다. 아이타리데스라는 인간으로 가장 먼저 세상에 태어났던 그는 에우포르도스, 에우포르보스, 헤르모티보스, 그리고 피로스를 거쳐 피타고라스로 태어났다는 것이다. 헤르메스라는 신의 아들이라고 자신의 출생을 소개하면서, 살아 있는 동안은 물론 죽은 뒤에도 자신에게 일어난 일을 모두 기억하는 능력을 아버지로부터 얻게 되었다고 한다. 오늘날의 사고로도 마찬가지지만 그 당시에도 워낙 파격적인 주장을 펼친 덕에 그의 주장은 상반된 평가를 받았다. 어쨌든 스스로 확신했던 피타고라스는 물론 그 당시의 많은 사람이 그것을 사실로 믿었다.

소크라테스는 《대화편》의 여러 책에서 윤회 사상을 기본으로 한 영혼 불멸을 주장하며 구체화했다. 제자 플라톤이 쓴 책 《국가》의 마지막 부분에서 그는 전사했다가 다시 살아났던 에르라는 병사의 이야기를 통해 영혼불멸설을 증명했다. 에르는 전사 후 고향으로 운구되었고, 열이틀째 되는 날 화장을 위한 장작더미 위에서 다시 살아났다.

그에 따르면 사람들은 죽게 되면 올바른 삶을 살았던 사람들은 하늘로 올라가고, 불의한 일을 했던 사람들은 자신이 행한 일의 표찰을 달고 아래로 내려간다. 마찬가지로 같은 곳을 통해서 사람들이 다시 땅으로 오기도 하는데, 지난 생에서 자신이 행했던 일들의 열 배를 보상하고 약 1,000년 후에 땅으로 오게 되는 것이다. 이들은 제비뽑기를 통해 다음 생에서의 삶을 선택한 다음 '망각의 들판Lethes Pedion'으로 나온다. 그리고 '망각의 강Lethe'으로 가서 일정량의 물을 마심으로써 자신의 모든 일을 잊어버리고 다시 태어나게 된다. 하지만 에르는 망각의 물을 먹는 것을 금지당했고, 죽은 후의 세상에 대해 사람들에게 말해줄 수 있게 되었던 것이다.

이러한 영혼불멸의 사상을 통해 소크라테스는 모든 철학자, 즉 '지혜를 사랑하는 사람들은 죽음을 두려워해서는 안 된다'는 주장을 편다. 죽음은 참된 앎을 획득하는 데 방해가 되는 몸으로부터 순수한 사고와 추론을 할 수 있는 영혼이 해방되는 것이므로, '참된 존재에 대한 앎을 추구하는 철학자들은 죽음을 열망한다'는 것이다. 그리고 그 역시 즐거운 마음으로 독배를 듦으로써 자신이 결코 이론으로만 주장하는 사람이 아니라 앎을 삶으로 실천하는 진정한 철학자라는 것을 증명했다.

"우리는 혼이 불멸하며 어떤 악도, 어떤 선도 감당할 수 있다는 것을 믿고 끊임없이 향상의 길을 나아가며 가능한 방법을 다해 지혜와 정의를 추구해야 한다."

이러한 소크라테스의 주장은 결국 저세상에서의 행복만을 위해서가 아니라 우리가 살아가는 이 세상에서 지혜와 정의를 추구하는 삶을 살아야 한다는 권유인 것이다. 소크라테스는 자신의 영혼 불멸의 사상을 기반으로 '배움'이라는 것은 모두 지난 생에서 알고 있던 것의 '상기想起'라고 주장한다. 망각의 강에서 물을 마심으로써 잊어버린 것들이, 같거나 유사한 대상들을 통해 다시 떠올리게 된다는 것이다.

"이처럼 혼은 불멸일뿐더러 여러 번 태어났으므로, 그리고 또한 이승에서의 것들과 저승에서의 것들을 모두 보았기 때문에 무엇 하나 배우지 못한 것은 없다네. 그래서 훌륭함에 관해서건 또는 다른 것들에 관해서건 혼이 적어도 이전에 알고 있었던 것들을 상기해낼 수 있다는 것은 놀랄 만한 일이 아닐세. 온 자연이 동족 관계에 있고, 또한 혼은 모든 것을 배웠으므로 하나만이라도 상기하게 된 사람이-이를 사람들은 배움이라고 부르지만-다른 모든 것을 찾아내지 못하라는 법은 없네. 그가 용기가 있고 탐구를 함에 있어서 지치지만 않는다면 말일세."

상기는 스스로 근원적으로 사유함으로써 진리를 찾는 행위라는 것이 핵심이며, 우리가 저절로 배움을 얻는 것이 아니라 감각들을 사용해 진리를 얻는 자발적 노력이 전제되어야 한다. 그것이 스스로 사유를 통해 얻는 것이든, 배움을 주는 교사를 통해 얻는 것이든 마찬가지다. 《메논》에서 상기론을 증명하기 위해 동원된 노예 역시 소크라테스가 문답을 통해 이끌어줌으로써 어려운 기하학 문제를 풀 수 있었다. 소크라테스는 단지 그리스어만 알 뿐 다른 지식은 전혀 없는 노예 소년을 통해 이것을 증명한 후 대화 상대자 메논에게 이렇게 말했다.

"지금의 경우에도 이 노예 소년에게는, 마치 꿈에서처럼 이들 의견들이 일깨워진 것일세. 누군가가 그에게 같은 것들을 여러 차례에 걸쳐 여러 가지 방식으로 질문하게 되면, 그는 마침내 이깃들에 관해서 이느 누구 못지않게 정확하게 인식하게 될 것이라는 것을 자넨 알고 있네. 그러니까 아무도 가르쳐 주는 일 없이 다만 질문만 할 뿐인데도, 스스로 제 안에서 지식을 되찾아 인식하게 되는 거겠지? 스스로 자신 속에 있는 지식을 되찾는다는 것은 상기하게 되는 것이 아니고 무엇이겠나?"

물론 소크라테스의 '배움은 상기'라는 관점을 지금 우리의 사고체계로 그대로 받아들이기는 어렵다. 하지만 그것을 인정하든, 인정하지 않든 현명함과 배움을 추구하는 삶이 결코 헛되지 않다는 것을 우리는 잘 알고 있다. 만약 소크라테스의 말처럼 배움이 상기라면 우리는 지금의 삶을 더욱 소중히 해야 한다. 지금 삶에서 배움을 게을리한다면, 다음에도 똑같은 삶을 살 수밖에 없으니까.

영혼 불멸의 삶에서 덕과 배움의 보상은 고귀하고 그 희망은 크다고 소크라테스가 증명하고 있다. 그는 죽음 이후 거처할 곳에서의 삶은 물론, 망각의 물을 마시고 돌아온 다음 세상에서도 진실과 앎의 소중한 삶을 살 수 있다고 말한다.

"만약 우리가 내 말대로 영혼은 불사이고 온갖 악도, 선도 견뎌내는 것임을 믿는다면 우리는 늘 향상하는 길을 유지해서 모든 노력으로 정의와 사려를 따르게 될 것일세. 그렇게 함으로써 이 세상에 머무른 동안에도 또 경기의 승리자가 여러 가지 상품을 모으러 다니듯이 우리가 정의의 상을 받을 때에도 우리는 자신에게만이 아니라 신들께도 다정한 친구일 수가 있겠고, 이 세상에서건, 내가 이야기한 천 년의 여행길에서건 우리는 행복하게 지낼 수 있을 걸세."

아리스토텔레스가 말한
인간의 본성

《니코마코스 윤리학》은 아리스토텔레스가 그의 아들 니코마코스에게 준 책이다. 그 책에 인생의 목적은 행복이라고 실려 있다. 누구라도 마찬가지겠지만 아들이 행복한 삶을 사는 것은 모든 아비의 바람일 것이다.

아리스토텔레스가 말했던 원래의 의미로는 '좋은 삶'이지만, 좋은 삶이 결국은 행복한 삶을 뜻하니까 마찬가지 의미라고 볼 수 있다. 사람들의 행위는 모두 행복을 위한 것이며, 행복은 어떤 상태가 아니라 미덕에 걸맞은 영혼의 활동이라는 것이다. 유덕한 행위를 하는 사람은 미덕이 즐겁고, 고상한 것을 사랑하는 사람들의 쾌락은 그 본성상 즐거운 것이므로 "행복은 가장 고상하고 가장 즐거운 것이다"라고 그는 주장한다. 그리고 인간에게 행복을 주는 것으로 인간의 고유한 기능에 충실한 이성적 활동, 그리고 다른 목적과 활동을 제외한 순수한 지적 활동인 관조적 활동을 들고 있다. 이러한 생각을 바탕으로 아리스토텔레스는 《형이상학》의 맨 첫머리를 이렇게 시작한다.

"모든 인간은 본성적으로 '앎'을 얻기 위해 애쓴다. 그 증거는 우리가 감각기관을 통해 지각하기를 좋아한다는 것이다. 그 유용성은 차치하고서라도 감각한다는 것만으로도 좋기 때문이다. 무엇보다도 눈을 통한 감각이 제일 그렇다. 행동을 위해서만이 아니라 행동할 생각이 없을 때조차도 보는 것을 다른 감각기관보다 선호한다. 그 이유는 사물을 가장 잘 인식하게 해주고 또 많은 차이를 드러내 주기 때문이다."

아리스토텔레스는 '앎'을 단순히 지식을 아는 것이나 지적 호기심이 아니라 사물과 세상의 근원에 대한 인과관계를 아는 것에 가장 중점을 두었다. 그래서 그는 개별적인 것에 대한 앎인 '경험'보다 보편적인 것에 대한 앎인 '기술'이 더 차원이 높다고 여겼고, 특별한 목적을 위한 기술보다 이론적인 학문이 더 지혜롭다고 여겼다. 바로 원리와 원인을 찾는 학문이기 때문이다. 인간은 사물을 인식하고 느끼는 것을 좋아하고, 세상과 사물의 근원을 파악하려는 본성을 가지고 있다는 것이다.

아리스토텔레스는 자신의 이런 생각을 단순히 이론으로 주장한 것이 아니라 그 자신의 삶에서 생생한 실례를 보여주었다. 플라톤의 맥을 잇는 가장 정통의 제자였지만 그는 플라톤의 생존 시에 그를 떠나 플라톤의 원망을 듣기도 했다.

열일곱 살에 플라톤의 문하에 들어갔던 그는 약 20년간을 플라톤 밑에서 지냈지만, 자신의 학문 정립을 위해 과감하게 스승을 떠나버렸다. 비록 당대 최고의 학자이자 스승이었지만 자신의 학문을 더 높은 차원으로 올리기 위해서는 현실에 안주할 수 없었다. 무엇보다도 이상주의자인 플라톤에 비해 아리스토텔레스의 실용적·현실주의적인 학문 성향의 차이가 가장 큰 이유였을 것이다.

마케도니아의 정복왕 알렉산드로스가 왕자였던 시절 그를 가르치기도 했던 아리스토텔레스는 평생을 두고 열정적으로 학문을 추구했고, 후진을 양성했고, 수많은 저작물을 남겼다. 철학을 비롯하여 **논리학·수사학·동물학·정치학·윤리학·미학** 등 엄청나게 넓은 분야에서 학문을 정립하여 지금도 그는 '학문의 아버지'라고 불린다. 단순히 폭넓은 공부를 했던 오늘날 관점에서의 백과사전적 지식인이 아니라, 그가 다루었던 모든 학문에서 실천적인 학문의 기초를 세움으로써 15세기 르네상스의 사상적 기폭제가 되기도 했던 인물이다.

아리스토텔레스라는 현인의 말을 빌리지 않더라도 우리는

지식을 얻고자 하는 욕구가 우리에게 내재된 본능이라는 사실을 느끼고 있다. 다른 동물들이 가진 생존을 위한 본능이 아니라 창의적이고 발전적인 관점에서의 본능이다. 인류만이 가지고 있는 지적 활동에 대한 본능이 인류의 발전을 이끌었다는 데 이론을 가지는 사람은 없을 것이다. 또한, 무언가를 알고자 하는 호기심이 창의적인 사람의 것만이 아닌 우리 모두에게 보편적인 욕구라는 것도 잘 알고 있다.

하지만 언제부터인가 우리는 이러한 앎에 대한 열망을 잊게 되었다. 특별히 다른 무언가를 탓하고 비난하려는 의도는 아니지만 학교 교육이라는 시스템 때문이라는 데 이론을 가질 사람은 없을 것이다. 시험에서의 좋은 성적과 상급 학교의 진학이라는 현실적 한계 때문에 개인의 창의성을 발휘할 수도, 자신의 적성에 맞는 배움을 얻을 수도, 배움의 즐거움을 누릴 수도 없는 것이다.

지식은 좋은 직업을 얻기 위한 도구나 성공을 위한 도약대로 인식되어왔다. 물론 이러한 지식이 아무 의미가 없는 것은 아니다. 지식을 통해 더 나은 삶을 사는 것도 역시 중요하다. 실제로 지식은 우리를 잘살게 하는 충분한 힘이 있다. 하지만 이는 아리스토텔레스가 말했던, 더 좋은 삶을 사는 데는 부족하다. 행복하지 않은 것이다. 갖지 못했을 때는 채워지지 않는 욕심 때문에 힘들고, 가졌을 때는 그것을 잃을까 두렵다.

우리는 더 많은 것을 가질수록, 더 높은 지위에 오를수록 불행한 사람을 많이 본다. 그 원인은 여러 가지가 있겠지만 마음이 빈 허망함이 가장 큰 이유다. 욕심으로 지금껏 달려왔기에 그 어떤 자리에 있어도, 아무리 많은 것을 채워도 만족하지 않는 것이다. 결국 아무리 채워도 채워지지 않는 욕심을 버리지 않으면 이들은 행복할 수 없다.

이들에게는 행복을 위한 진정한 배움의 길, 순수한 관조적 활동으로서의 배움이 필요하다. 바로 삶의 행복을 채워주는 배움, 어떤 목적을 추구하기 위해서가 아닌 그 자체로 즐거움을 주는 배움이 필요한 것이다. 다양한 취미활동, 풍부한 경험 쌓기, 진실한 교제, 사람에 대한 학문인 인문학 등이 바로 그것들이다.

어린 시절부터 본능에 충실한 배움의 길을 걸어왔다는 데 그 누구도 예외는 없을 것이다. 기억해보자. 아직 걷지도 못하는 깃난아이가 '엄마' '아빠'라는 긴단힌 말올 배우기 위해 얼마나 노력하는가? 그리고 마침내 그것을 비록 어눌하게라도 발음한 순간 부모는 또 얼마나 기뻐했던가. 아마 아기는 부모의 기뻐하는 모습을 보고 더 많은 글을 배우고 더 또렷하게 발음하기 위해 노력했을 것이다. 부모와의 교감을 통해 본능적으로 지적인 열망을 불태우는 것이다.

망각의 강을 건넜던 완벽한 '무無'의 상태에서 탄탄한 지식

기반을 갖춘 지금의 우리가 된 것은 기적이라고 할 수밖에 없다. 하지만 언젠가부터 우리는 공부란 지겨운 것이고, 살기 위해 마지못해 하는 것으로 인식하고 있다. 강압적이고 잘못된 방법으로 이끌려갔던 우리 두뇌에 '배움은 지겨운 것'이라는 깊은 각인이 새겨진 것이다. 배움이란 우리가 더 나은 삶을 살 수 있도록 이끄는 하늘이 준 선물, 우리의 본성이라는 사실을 어느 순간 잊어버린 것이다.

이제 지식을 향한 본능과 열망, 그리고 배움의 즐거움을 되찾아야 할 때가 왔다. 언젠가부터 우리를 덮어 짓누르고 있는 지적 열등감에서 벗어나야 할 때가 된 것이다. 그 시작은 바로 배움은 본성이라는 것을 알고 스스로 각성하는 것이다. 배움은 즐겁고 행복한 일이라는 본질의 회복이다. 그리고 올바른 방법을 찾아 최선을 다할 때 우리의 지적 열망이 바르게 충족되는 본성을 회복할 수 있다. 괴롭고 힘들기만 했던 인생이 행복해지는 비결이기도 하다.

탁월함은
가르칠 수 있는 것인가

소크라테스의 배움은 자기 스스로가 아무것도 아는 것이 없다는 것을 인정하는 '무지의 지'를 각성하는 것부터 시작된다. 그리고 대화를 통해 스스로 잘 알고 있다고 자부하는 사람 역시 실상은 아무것도 아는 것이 없다는 사실을 깨닫게 한다. 대화의 마지막도 무지의 자각 외에는 아무런 결론이 없이 끝나는 경우도 많아서 상대에게 스스로 해답을 찾도록 여지를 준다.

'탁월함은 가르칠 수 있는 것인가?'에 대해 소피스트 메논과 대화를 나눈 다음 얻은 결론이 그것을 잘 말해준다.

"탁월함이 누구에겐가 생기게 될 경우에, 이는 신적인 섭리에 의해 생기게 되는 것으로 우리에게는 보이네. 그러나 이것과 관련해서 명확한 것을 우리가 언젠가 알게 되는 것은, 탁월함이 어떤 방식으로 사람들에게 생기게 되는지를 탐구하기에 앞서, 먼저 탁월함이 도대체 무엇인지 그것 자체를 탐구하도록 꾀할 때일세."

소크라테스는 오랜 시간을 메논과 대화한 결론으로서 '탁월함은 어떻게 생기는가'보다 먼저 '탁월함이 무엇인가', 그 본질을 찾는 일부터 시작해야 한다고 권한다. 탐구의 대상이 무엇인지도 모르면서 부수적인 것에 매달린다면 결코 올바른 결론에 도달할 수 없다는 것이다. 만약 탐구하는 대상의 본질을 정확히 알게 되면 그 외의 부수적인 것들은 자연스럽게 그 해답을 찾을 수 있게 된다. 따라서 정답을 찾아서 제시해주는 것이 아니라, 스스로 그 해답을 찾기 위해 생각을 시작하는 것이 바로 진정한 공부라고 말해주고 있다.

이렇게 해답을 줌으로써 깨닫게 하는 것이 아니라, 대화를 통해서 보편적인 진리를 찾도록 이끄는 방법을 '산파술'이라고 불렀다. 사람들이 스스로 지혜를 낳을 수 있도록 돕는 것을 아이를 낳도록 도와주는 산파에 비유했던 것이다. 이것은 소크라테스의 어머니가 산파 일을 직업으로 했다는 사실과 무관하지는 않을 것이다.

소크라테스의 문답법은 서양 교육의 가장 중요한 핵심이라고 할 수 있다. 하지만 우리 평범한 사람으로서는 이해하기 어려운 점도 많다. 아마 플라톤의 《대화편》 중 한 권을 읽다가 길을 잃고 헤매거나 지쳐서 포기하는 사람도 있지 않을까 생각된다. 나 역시 그랬다. 소크라테스가 상대와 나누는 대화를 정신없이 듣고 따르다가 길을 잃고 한참을 생각하거나 몇 번을 되돌아간 적도 많았으니까. 하지만 우리는 이 대화법에서 공부에 관한 몇 가지 중요한 요체를 얻을 수 있다.

먼저 소크라테스는 무지의 자각이라는 관점에서 모든 지식의 탐구를 본질을 찾는 것에서부터 시작했다. 《메논》에서 '탁월함은 가르칠 수 있는가'라는 메논의 물음에 대해 소크라테스는 탁월함 그 자체도 모르니 먼저 탁월함이 무엇인지부터 알아보자고 대답했다. 탁월함이 무엇인지도 모르는데 어떻게 탁월함은 가르칠 수 있는지를 알 수 있느냐는 물음이다. 메논은 스스로 탁월함에 대해 잘 알고 있다고 생각했기에 자신이 알고 있는 탁월함에 대해 실컷 이야기했지만, 소크라테스의 대화를 따라가다가 머릿속이 헝클어져서 자신은 '이 무엇도 대답할 수 없다'고 고백하는 지경에 이르게 된다.

이것은 오늘날 우리가 공부에 대해서 가장 많이 저지르고 있는 잘못이다. 우리는 단순히 지식을 머릿속에 채우는 데 급급하지만 정작 공부 대상의 본질에는 관심이 없다. 결국 단편적·부수적 지식을 쌓는 데 그치기 때문에 핵심을 짚지 못하게 되는 것이다. 역사로 예를 든다면 단순히 인물이나 연도를 외우는 데 급급함으로써 사건의 의미, 역사의 흐름에 대한 통찰과 현대와의 연결점, 내 삶에서의 적용점은 전혀 얻지 못하게 되는 것과 같다. 이러한 단편적·부수적 지식만 가득 채운 사람들은 그 지식을 삶에서 활용할 수 있는 통찰을 얻지 못할 뿐더러 오늘날 학문의 대세라고 할 수 있는 통섭의 기반도 얻을 수 없다.

소크라테스는 또한 진리를 찾기 위한 수단인 대화의 방법을 알려주고 있다. 소크라테스의 대화는 무지의 자각으로부터 진리를 향한 탐구를 하는 데 가장 중요한 도구로 활용된다. 뛰어난 사람과의 대화는 그의 말에서도 진리를 얻을 수 있지만, 대화하는 과정에서 몰랐던 새로운 것을 함께 배우기도 한다. 그 당시 지혜로운 철학자를 자처하던 소피스트의 논쟁적·경쟁적 대화와는 달리 소크라테스는 대화를 통해 서로가 공감할 수 있는 결론을 찾아내고 있다. 소피스트들은 상대를 굴복시켜 내 주장을 관철하거나 상대를 설득하기 위해 쓸 수 있는 모든 수단을 동원했던 사람들이었다. 그 수단의 정당성이나 합리성은 전혀 개의치 않았다. 하지만 소크라테스는 대화가 서로 싸워 내가 이기는 것이 아니라, 서로 동의하고 공감하게 만드는 행위라는 것을 가르쳐주고 있다.

이것은 오늘날 오직 내 주장만 강요하고, 상대방을 굴복시켜 이기려고만 하는 대화와 토론의 풍토에서도 더욱 절실한 가르침이라고 할 수 있다. 아무리 뛰어난 사람이라고 해도 상대에게 무조건 굴복을 요구한다면 그 누구도 따르지 않는다. 스스로 패배했다고 여겨지기 때문에 설사 상대방이 옳다고 생각해도 받아들이고 인정하기가 어려운 것이다. 상대방을 진정으로 설득하고 싶다면 먼저 상대방을 인정하고, 상대의 생각도 충분한 가치가 있다는 전제에서부터 시작해야 한다. 먼저 상대방과 공감하고 나 역시 상대의 올바른 주장에 따를 수 있다는 마음이 바탕이 되어야 한다. 그다음 대화를 통해 합의점을 찾고, 이론적으로나 감정적으로 흔쾌히, 그리고 즐겁게 받아들일 수 있을 때 진정한 설득이 이루어진다.

또 한 가지 소크라테스에게 배울 것은 생각하는 능력이다. 소크라테스의 대화를 함께 하다보면 스스로 생각하지 않으면 도저히 따라갈 수 없다는 것을 사람들은 느끼게 된다. 우리가 책을 읽을 때도 마찬가지지만 대화를 하는 사람들은 더욱 짧은 시간에 긴장감을 가지고 자신의 머리를 총동원해야 한다. 바로 이런 점들이 생각하는 힘을 키워주는 것이다. 생각하는 힘은 단순히 지식을 얻는 것이 아니라 우리 스스로 삶의 의미를 알고 자신의 가치를 인식하도록 만들어준다. 또한, 우리가 평소에 접하는 것에 대해 의문을 품는 철학적 생활의 방법도 얻을 수 있다. 묻고 대답하는 과정을 통해서 우리는 의문이 진리를 찾는 가장 소중한 방법이라는 것을 잘 알 수 있다. 이러한 습관을 가진 사람들은 자신이 접하는 모든 사물의 의미를 찾고, 새로운 생각을 창출하는 창의적인 삶이 가능해진다.

소크라테스는 우리에게 배움에서 가장 소중한 것들을 일러 준다. 소크라테스의 어려운 철학적 과제를 굳이 이해하고 풀려고 하지 않아도 좋다. 그것은 전문가들에게 맡기고 우리는 배움에 대한 겸손, 진리에 대한 열망, 진리에 접근하기 위한 수단으로서의 대화를 배우고 우리 삶에서 적용하면 된다. 그리고 우리 삶의 의미와 가치, 나의 정체성이 무엇인지 항상 생각하며 살아가면 충분할 것이다.

시가
우리에게 주는 것들

플라톤은 《국가》에서 시에 대한 반감을 표하며 시인의 추방을 주장했다. 그 자신이 어린 시절부터 《일리아스》와 《오디세이아》를 읽고 암송하며 자랐지만, 시란 자신의 철학적 이념과 배치된다고 생각했기 때문이었다. 플라톤의 철학에서 가장 핵심적인 개념인 '이데아idea'를 모방한 것이 현실인데, 그 현실을 모방한 예술은 곧 이중모방이 되기 때문에 천박하다는 것이다. 궁극의 선인 이데아를 추구하는 데 걸림돌이 되는 인간의 감정이 통제되지 못하므로, 그에게 시는 백해무익한 것이 될 수밖에 없었다. 하지만 아리스토텔레스는 스승의 생각과는 달리 시를 긍정적으로 생각했고, 스스로 《시학》을 저술함으로써 자기 생각을 실천했다.

그는 인간의 본성에 있는 모방의 본능이 지식과 즐거움을 주기 때문에 사람들이 시를 창작해내었다고 보았다. 또한 역사는 이미 일어난 일에 대한 개별적인 이야기를 하는 반면에, 시는 일어날 법한 일을 이야기하므로 훨씬 더 보편적이고 더 철학적이며 중요하다는 것이다.

"시는 인간의 본성에 있는 두 가지 근원에서 생긴다고 본다. 모방은 어렸을 적부터 인간 본성에 자리 잡고 있는 것이다. 인간이 다른 동물과 다른 점은, 모방을 잘 하며 모방을 통해 지식을 얻는다는 점에 있다. 또한 모든 인간은 날 때부터 모방된 모습을 보면 즐거움을 느낀다. (중략)

그림을 보고 즐거움을 느끼는 것은 그것을 봄으로써 배우기 때문이다. 실물을 전에 본 일이 없는 경우, 우리는 모방의 대상이 아니라 기교라든가 색채, 그 밖에 이와 비슷한 원인에 의하여 즐거움을 느낄 것이다. 이와 같이 모방, 그리고 선율과 리듬에 대한 감각은 (운율은 리듬의 일종이다) 인간의 타고난 본성이므로, 인간은 이와 같은 본성에서 출발하여 차츰 즉흥적인 창작 과정을 거듭하는 사이에 시를 만들어낸다."

아리스토텔레스는 시에 대해 인간 본성에 입각한 통찰을 했다. 소포클레스의 비극 《안티고네》《오이디푸스왕》 등을 통해 비극이 주는 영혼의 정화, 즉 '카타르시스katharsis'를 얻게 하고, 인간 본성에 대한 성찰을 할 수 있도록 우리를 이끌어준다고 말해준다. 특히 오늘날 우리가 익히 알고 있는 '카타르시스' '플롯' 등의 개념을 소개함으로써 현대적인 문학 이론의 효시가 되었다.

서양의 위대한 두 철학자가 시에 대해 이견을 보인 반면, 동양철학의 시조인 공자는 시에 대해 적극적인 입장이었다. 그는 수양을 완성하는 데 필요할 뿐 아니라 현실적인 삶에도 도움을 준다고 강조했다. 그리고 그 당시 시중에 떠돌던 시가 중에서 시대적인 상황과 현실 비판적인 인식을 담고 있는 300수를 수집하여 《시경詩經》을 편찬하기도 했다. 공자는 《시경》을 제자들에게 가르쳤고, 스스로도 이 시들을 묵상했으며 대화나 글에서 자신의 주장을 펼칠 때 자주 인용해서 사용했다. 공자는 단순히 이론적으로 시에 접근하는 것이 아니라, 자신의 학문과 삶에 적용했던 것이다.

공자의 학문과 철학을 모은 책 《논어》에는 시에 대해 많은 글이 실려 있다.

"《시경》에 있는 시 삼백 편을 한 마디로 이야기하면 '생각에 거짓됨이 없다'는 것이다." (〈위정〉)

"공자가 평소에 말했던 것은 《시경》과 《서경》, 그리고 예를 실천하는 것이었으며 이 모두를 언제나 말했다." (〈술이述而〉)

"시를 통해 감성을 일으키고, 예를 통해 바르게 서고, 음악을 통해 완성한다."(《태백》)

"《시경》의 시 삼백 편을 외운다 해도 정치를 맡기면 잘 해내지 못하고, 사신으로 가서도 독자적으로 대응할 수 없다면, 비록 시를 많이 외운다 한들 그것이 무슨 소용이 있겠는가?"(《자로子路》)

"공자가 제자들에게 말했다. 얘들아, 왜 시를 공부하지 않느냐? 시를 배우면 감흥을 불러일으킬 수 있고, 사물을 잘 볼 수 있으며, 사람들과 잘 어울릴 수 있고, 사리에 어긋나지 않게 원망할 수 있다. 가까이는 어버이를 섬기고, 멀리는 임금을 섬기며, 새와 짐승과 풀과 나무의 이름에 대해서도 많이 알게 된다."(《양화》)

"공자가 아들 백어에게 말했다. '너는 《시경》의 〈주남周南〉과 〈소남召南〉을 공부하였느냐? 사람으로서 〈주남〉과 〈소남〉을 공부하지 않는다면, 그것은 마치 벽을 마주하고 서 있는 것과 같은 것이다."(《양화》)

　이러한 글들을 보면 시에는 진실과 도리가 실려 있고, 풍부한 감성을 주는 요소들이 담겨 있고, 무엇보다도 시를 알아야 인생의 이치를 깨닫고 자신의 삶을 의미 있게 살아갈 수 있다는 것을 알 수 있다. 그리고 시를 통해 자기 일과 삶에 적용할 수 있는 지혜를 얻어야 한다고 가르친다. 아무리 시를 많이 알아도 현실 생활에 사용되지 못하고 실천하지 못하면 소용없다는 것이다. 결국, 공자에 따르면 시는 우리 삶의 길잡이가 되는 만능열쇠와도 같다. 학문과 수양, 그리고 실용적인 요소를 모두 얻을 수 있는 것이다.

평범한 우리는 시를 직접 창작하는 재능을 타고나지는 못했다. 혹은 재능을 타고 났다고 하더라도 그것을 알지 못하고 지금껏 살아왔을지도 모르겠다. 어릴 때부터 시험을 위한 공부에 모든 시간을 빼앗기고, 설사 시를 배운다고 해도 논술시험을 위한 도구로서만 배웠으니 옛 현인들이 말해주는 진정한 시의 가치는 깨닫지 못했다. 이러한 공부는 우리에게 부와 성공을 위해 꼭 필요한, 마치 저격수와 같은 지식은 줄지언정 진정한 인생의 가치와 행복을 위한 지혜는 주지 못한다. 또한 건조하고 삭막한 지식만을 머릿속에 채움으로써 사신의 내면을 부드럽게 적셔줄 수 있는 따뜻한 감성은 얻지 못하게 된다.

오늘날 중국에서는 초등학생에게 시 300수를 암송하게 시킨다고 한다. 어릴 때부터 시를 통해 감성을 키우고, 세상을 크고 넓게 보는 시인의 관점을 자신의 것으로 만들라는 것이다. 시인은 글을 통해 진실을 말해주는 사람이며, 시는 세상을 반영해주는 거울이다. 그리고 세상을 보는 치열한 관점을 독자와 함께 나눈다. 우리 역시 직접 시를 창작하지는 못할지언정 시와 가까이하는 공부가 필요하다. 시인의 세상에 함께 참여하는 기회를 가져야 하는 것이다.

당나라 문인이자 정치가였던 한유는 "모든 사물은 편안함을 얻지 못할 때 울게 된다(大凡物不得其平則鳴, 대범물부득기평즉명)"고 자신의 글 〈송맹동야서送孟東野序〉에서 말했다. 나라가 쇠퇴하고 혼란스러울 때 사람들은 울음을 터뜨린다는 것이다. 세상이 공정하지 못하고 사람들이 억울하게 억압당할 때 예술에 뛰어난 사람들은 자신의 울분을 모아 작품을 만든다. 음악가는 음악으로 문장가는 문장으로, 그리고 시인은 시로 자신의 울분을 승화하는 것이다. 바로 이런 시인의 관점을 우리의 것으로 만들 수 있는 것이 바로 시를 읽고 함께 느끼는 일이다.

또한, 시를 가까이하면 이 시대를 살아가는 데 가장 중요한 능력 중의 하나인 글로써 내 주장을 펴는 능력을 얻을 수 있다. 말하기, 글쓰기와 같은 자기표현 능력은 커뮤니케이션의 시대인 오늘날 가장 중요한 능력이다. 또한 이미 닥쳐온 감성의 시대에 가장 중요한 능력 중의 하나인 스토리텔링의 능력도 얻을 수 있다. 이런 능력은 예술적 창의력이 뛰어난 몇몇 사람들에게만이 아니라 우리 평범한 사람들에게도 꼭 필요한 능력이다.

하지만 무엇보다도 시로써 인생의 의미를 알고 즐거움을 얻는 것을 잊어서는 안 되겠다. 따뜻한 감성으로 세상을 품고 사람을 사랑하는 일, 시를 가까이함에 있다. 우리를 잘살게 해주지는 않을지 몰라도 행복한 삶을 살게 해준다.

지나치지도,
모자라지도 않는 삶을 위하여

《중용》은《논어》《맹자》《대학》과 함께 사서 중의 하나로 정통 유학의 맥을 잇는 책이다. 공자의 손자인 자사가 할아버지의 학문을 잘 정리했던 책이라고 할 수 있다. 원래《대학》과 함께《예기》중에 있는 한 편이었는데, 한漢대에 와서 별도의 책으로 편찬되어 독립적으로 읽히기 시작했다.

책의 제목이자 핵심인 '중용'은 올바른 도리에 맞는 것을 말한다. 책의 첫 문장 "하늘이 명한 것을 본성이라 하고, 본성을 따르는 것을 도라 하고, 도를 닦는 것을 가르침이라고 한다(天命之謂性 率性之謂道 修道之謂敎, 천명지위성 솔성지위도 수도지위교)"가 중용 전체의 맥을 꿰뚫고 있는 원칙이라고 할 수 있다. 하늘이 내려준 본성을 잘 따르고 그것을 함양하기 위해서 노력하는 것이 바로 중용의 가르침이다.

중용에서 '중中'은 지나침이나 모자람이 없는 적절함을 말한다. '용庸'은 변함없이 한결같은 것으로 반드시 지켜야 할 삶의 원칙이다. 중용은 특별하고 별다른 것이 아니라 자신의 중심을 바로 세우고, 평상시의 삶을 성실하고 바르게 살아가는 일상의 원칙이라고 할 수 있다. 그래서 《중용》에서는 '성誠'이라는 단어가 또 하나의 핵심으로 많이 나온다. 성실하고 진실하게 자신을 갈고 다듬을 때 하늘과 땅의 순리에 맞게 성장하고 변화할 수 있다는 것이다.

이러한 해석은 그리스 철학자 아리스토텔레스의 도덕적 미덕의 특징으로서의 중용과 뜻이 같다고 할 수 있다. 아리스토텔레스는 사람의 도덕적 미덕은 행동이나 감정이 지나치지도, 모자라지도 않은 중간을 취할 때 이루어진다고 했다. 그는, "따라서 미덕은 본질과 본성을 정의하자면 중용이지만, 무엇이 최선이고 무엇이 좋은가 하는 관점에서 보면 최상이다"라고 말했다.

두려움과 무모함의 중용은 용기, 무감각과 방종의 중용은 절제, 방탕과 인색의 중용은 후함으로 모두 최선의 상태를 말한다. 결국, 그가 말했던 사람의 올바름을 뜻하는 도덕적 미덕 역시 동양의 중용과 같이 바르게 지켜나갈 일상의 원칙이라는 것을 알 수 있다. 평범한 일상을 하루하루 바르게 쌓아나가 비범해졌을 때, 그것을 최상, 즉 탁월함이라고 하는 것이다. 어쩌다 한 번 대단한 일을 하는 것은 어떻게 보면 쉬운 일이라고 할 수 있다. 하루도 빠짐없이 매 순간 올바른 도리를 지켜나가는 것은 쉽게 이룰 수 있는 일은 아니다. 아니, 불가능하다고 단언할 수 있다. 얼핏 보기에는 쉬운 듯하지만 일상에서 변함없이 중용을 취하는 것은 결코 쉬운 일이 아닌 것이다.

아리스토텔레스의 해석과 마찬가지로 동양의 《중용》에서도 끊임없는 학문과 수양을 강조하고 있다. 공자는 《중용》〈제3장〉에서 중용의 어려움을 이렇게 말하고 있다.

"중용의 덕은 지극하다. 그것을 행할 수 있는 사람은 드물게 된 것이 이미 오래되었다."

〈제9장〉에 실려 있는 글은 더 극단적이다.

"천하 국가를 평정하여 다스리는 것도 가능하고, 작위나 녹을 사양하는 것도 가능하며, 시퍼런 칼날을 밟고 서는 것도 가능하나, 중용을 행하는 것은 불가능하다."

중용이란 이처럼 어렵기에 《중용》에는 중용을 위해 취해야 할 자세와 원칙들을 세세히 일러준다. 〈제20장〉에는 중용을 얻기 위해 해야 하는 공부의 핵심적인 원칙이 실려 있다.

"널리 배우고, 자세히 묻고, 신중히 생각하고, 분명히 분별하고, 독실하게 행하라(博學之 審問之 愼思之 明辯之 篤行之, 박학지 심문지 신사지 명변지 독행지)."

이 다섯 가지 원칙은 '성지자誠之者', 즉 '스스로 절실히 행하고자 노력하는 사람'이 지켜야 할 원칙들이다. 일상에서 중용의 덕목을 얻기 원한다면 다섯 가지 원칙에 따라 끊임없이 노력해야 한다.

먼저 '널리 배우다(博學)'는 폭넓은 공부를 뜻한다. 어느 한쪽에만 치우친 전문가가 아니라 다양하고 폭넓은 지식이 뒷받침해야 진정한 실력자가 될 수 있다. 공자가 군자불기를 주장했던 것이 바로 한 분야에만 치우친 사람의 한계를 지적한 것이다.

경영학의 아버지라 불리는 피터 드러커는 '20세기는 좁은 분야에 전문성을 지닌 지식근로자의 시대이지만, 21세기가 되면 분야와 전문성을 넘어 통합적으로 사고하고 협력하는 사람을 필요로 한다'고 말했다. 이제는 한 가지 전문 분야에만 능통해서는 살아남을 수 없는 시대가 되었다. 전문 분야와 융합하여 새로운 것을 만들어낼 수 있는 폭넓은 지식 기반이 반드시 필요하다. 〈뉴욕타임스〉 칼럼니스트인 토머스 프리드먼이 말했던 것처럼 오늘날 시대가 요구하는 다재다능한 사람인 '버서타일리스트versatilist'가 되려면 반드시 폭넓은 공부가 필요하다.

'자세히 묻다(審問)'는 스스로 모른다는 사실을 인정하고 겸손하게 의문을 풀어가는 것이다. 그리고 자신의 공부에 대해 분명한 철학을 세우는 것을 말한다. 공자와 소크라테스 등 동서양의 위대한 철학자들은 '왜(why)'를 철학의 뿌리로 삼고 있다고 해도 과언이 아니다. 도저히 가늠할 수 없는 세상의 무한한 지식 앞에 무력한 자신을 알기에 한없이 겸손했고, 끊임없이 '왜'라는 의문을 던질 수밖에 없었다. 오늘날에도 이러한 의문 앞에 무수히 질문을 던지는 사람들이 성공한다. 다른 어떤 분야에서도 마찬가지지만 스티브 잡스, 일론 머스크, 그리고 삼성의 고故 이건희 회장 등 첨단경영 분야에서도 탁월한 사람들은 모두 자신의 일과 삶에 질문을 던졌고, 그 해답을 끝까지 추구했기에 세상을 변화시킬 수 있었다. 학문이라는 단어가 '배울 학(學)'과 '물을 문(問)'으로 이루어진 것은 바로 중용의 원칙, '박학'과 '심문'에서 유래한 것이다.

'신중히 생각하다(愼思)'는 생각을 통해 배움을 보완하는 것이다. 철학자 존 로크는 "철학은 단지 지식의 재료를 얻는 것에 불과하다. 그 지식을 자신의 것으로 만드는 것은 사색의 힘이다"라고 말했다. 프랜시스 베이컨도 "독서는 오로지 사색하고 연구하기 위해서 하는 것이다"라고 했다. 배우고 스스로 생각하는 것은 배운 지식을 온전히 자신의 것으로 만드는 과정이다. 그냥 외워서는 아무것도 남는 것이 없고, 오로지 생각을 통해야 자신의 것이 된다. 유대인의 속담에는 "책만 읽고 생각을 하지 않으면 당나귀가 짐을 잔뜩 지고 가는 것과 같다"고 했다. 생각 없는 지식은 온전히 내 것이 될 수 없다.

'밝게 판단하다(明辯)'는 '신중히 생각하다'와 연결되는 말인데, 배운 것은 비판적으로 분별하라는 것이다. 검토, 비판, 수정, 실천, 재수정을 거쳐야 진정한 지식이 된다. 이러한 과정이 생략되면 오류가 있는 지식, 도덕성이 결여된 지식에 빠질 수도 있다. 맹자가 말했던 "《서경》을 맹신하는 것은 《서경》이 없는 것만 못하다"가 바로 이것을 경계하는 말이다. 당대 최고의 권위 있는 책도 무조건 받아들여서는 안 된다.

'독실하게 행한다(篤行)'는 배움은 반드시 실천해야 완성된다는 것을 말해준다. 배움은 자기 일과 삶에 적용하는 단계가 마지막이다. 단순히 아는 것에만 그치는 공부는 공부가 아니다. 세상에서 가장 현명한 민족이라는 유대인들은 인격적인 만남이 없는 공부는 공부가 아닌 것으로 간주한다. 쓰지 못하는 지식은 세상의 쓸모 없는 지식과 다름이 없는 것이다. 《논어》에 실려 있는 "실천하고 남는 힘이 있거든 공부하라(行有餘力 則以學文, 행유여력 즉이학문)"가 그것을 말해주는 구절이다. 먼저 올바른 도리를 생활에서 실천하고, 그다음에 학문으로 성장을 도모해야 한다. 조금 이상적이라고 생각될 수 있지만, 배웠다면 반드시 실천해야 한다는 뜻으로 이해하면 되겠다.

《중용》〈제13장〉에는 《시경》에서 인용한 말이 실려 있다.

"'도낏자루를 자르네 도낏자루를 자르네. 도낏자루의 기준은 멀리 있지 않다네. 손에 도낏자루를 쥐고 나무를 자르면서도 곁눈질해보면서 기준이 무엇인지 헤매고 있네.'
군자는 사람의 도리로 사람을 다스리다가, 사람다운 사람이 되고서야 비로소 멈춘다."

중용의 도리는 일상의 도리와 멀리 있는 것이 아니다. 살아가면서 올바른 도리가 무엇인지를 날마다 생각하며 신실하게 살아가는 것이 중용인 것이다. 무언가 심오한 원칙을 찾으려 애쓸 필요는 없다. 단지 하루하루를 충실하게 살아가며, 사람답게 사는 도리가 무엇인지를 스스로 묻고 그에 합당한 삶을 살아가려고 노력할 때, 그것이 바로 중용의 삶이다.

제4장

인생을 즐기기 위한 공부

삶의 균형과
행복의 근원을 찾아서

"

삶의 목적은 행복이고,
그 행복을 주는 것은 배움이다.

- 아리스토텔레스 -

"

공부의 어원은 한가함, 그리고 휴식이다. 공부의 근본은 '치열함'이 아닌 '여유와 휴식'이라고 할 수 있다. 벽에 부딪칠 때는 근본으로 돌아가야 한다. 좋아하는 일, 즐거운 일을 하면서 가장 행복한 것처럼 공부도, 삶도 마찬가지다.

모른다는 것을
알기에 지혜롭다

"만일 제가 지혜를 가지고 있다면 그것이 어떤 종류의 지혜인가에 대해 여러분이 신뢰할 수 있는 증인을 내세우려 합니다. 그 증인이 델포이의 신입니다."

소크라테스는 마지막 재판을 받으면서 자신이 가진 지혜에 대한 증인으로 델포이 신전의 신을 들고 있다. 이 말의 전말은 이렇다. 소크라테스의 친구 카이레폰이 델포이 신전에서 "소크라테스보다 더 지혜로운 사람이 있느냐?"고 묻자, 그곳의 무녀는 "소크라테스보다 더 지혜로운 사람은 없다"고 대답한다. 친구로부터 그 말을 들은 소크라테스는 자신의 무지함을 자각하고 있었기에 신전의 신탁에 의문을 품게 된다. 그리고 자신보다 더 지혜로운 사람을 찾기 위해 당시 지혜롭다는 사람들을 찾아다니며 문답을 했다. 시인, 작가, 예술가, 정치인 등 많은 분야에서 일가를 이룬 사람을 찾아다녔지만, 소크라테스는 잠깐의 대화를 통해 그들이 지혜롭지 않다는 사실을 곧 알게 된다. 단지 자신과 다른 점은 그들 스스로는 무지하다는 것을 모르고 있다는 사실이다.

"그 사람과 나는 똑같이 '선善'과 '미美'에 대해 알지 못하지만, 나는 그 사람보다 더 지혜롭다. 왜냐하면 그는 모르고 있으면서도 스스로 알고 있다고 생각하지만, 나는 나 자신이 모르고 있다는 것을 알기 때문이다."

소크라테스는 사람들로부터 이러한 진리 탐구를 그만둘 것을 권유받는다. 자신들이 무지하다는 사실에 참을 수 없었던 사람들은 '만약 그런 생활을 계속한다면 사형에 처할 것이다'라고 위협을 했다. 겉으로는 아테네의 청년들을 타락시킨다는 명분을 내세웠지만, 실상은 자신들의 이권과 자존심을 지키기 위함이었다. 하지만 소크라테스는 타협하지 않고 끝까지 계속하다가 결국 죽음을 맞는다. 진정한 철학자로서 육체를 벗어나는 죽음이 결코 불행이 아니라는 주장을 하면서 차분하게 독배를 마시고 죽음을 맞았다.

"여러분, 죽음을 두려워한다는 것은 자신이 지혜롭지 않으면서도 지혜로운 사람이라고 생각하는 것에 지나지 않습니다. 왜냐하면 그것은 자신이 알지 못하는 것을 알고 있다고 생각하는 것이기 때문입니다. 죽음이 인간이 누릴 수 있는 최대의 행복인지 아닌지 아는 사람은 아무도 없습니다. 그럼에도 사람들은 마치 죽음을 잘 알고 있기라도 하듯이 죽음을 최대의 불행으로 생각하여 두려워하고 있습니다. 자기가 알지 못한 것을 알고 있다고 생각하는 것은 수치스러운 무지가 아니겠습니까?"

그리고 소크라테스는 이렇게 덧붙였다.

"저는 여러분보다 신을 따르겠습니다. 제 목숨이 붙어 있는 한, 그리고 제가 할 수 있는 한 지혜를 사랑하고 추구하는 일을 중지하지 않을 것입니다."

소크라테스는 진리를 추구하는 일 앞에서는 죽음조차도 두려운 존재가 아니라고 배심원들 앞에서 주장하고 있다. 물론 죽음 뒤에 무엇이 있는지는 누구도 알 수 없다. 하지만 죽음을 대하는 자세는 사람마다 모두 다르다. 옛날부터 지혜로운 사람들은 죽음, 그 자체의 두려움보다는 죽음이라는 인생의 유한성에서 삶의 의미를 찾았다. 마르쿠스 아우렐리우스는《명상록》에서 이렇게 말했다.

"당신이 삼천 년이나 삼만 년까지 산다 해도 사람이 잃을 수 있는 유일한 생명은 사람이 바로 지금 살고 있는 생명이라는 것을 기억하라. (중략) 어느 사람이든 빼앗길 수 있는 유일한 것은 현재이기 때문이다. 이것이 그가 갖고 있는 전부이다. 아무도 자신의 것이 아닌 것은 잃어버릴 수 없다."

과거는 지나가 버렸기에 자신의 것이 아니고, 살아갈 미래는 역시 아직 가지지 못했기에 자신의 것이 아니다. 미래를 자신이 맞을 수 있을지는 누구도 보장할 수 없고, 외상처럼 당겨서 쓸 수도 없기 때문이다. 몇 해 전 사망했던 스티브 잡스가 스탠퍼드대학교의 졸업 축하 연설에서 한 죽음은 삶이 만든 최고의 발명이라는 말 역시 오늘날의 천재가 지녔던 인생의 통찰이었을 것이다. 그는 이러한 통찰로 인류의 삶을 바꾼 놀라운 일들을 해낼 수 있었다.

소크라테스는 인간을 스스로 중히 여기는 바에 따라 세 가지로 구분했다. 지혜를 사랑하는 자, 승리(명예)를 사랑하는 자, 그리고 이익을 탐하는 자다. 이들 각자는 자신이 사랑하는 것을 추구하는 데 가장 큰 즐거움을 느끼고 다른 즐거움은 바보 같은 행동에 불과하다고 생각한다. 소크라테스는 이 세 가지 가운데 영혼이 누리는 지혜의 즐거움을 가장 큰 즐거움이라고 한다.

지혜를 사랑하는 사람이 자기 삶을 찬양할 때는 삶의 전문가가 의견을 말하는 것과 같다는 것이다. 그다음이 명예를 추구하는 것이고, 이익을 추구하는 사람은 맨 마지막이다. 그래서 동서고금을 막론하고 세상의 모든 현자는 지혜를 얻을 때 가장 큰 희열을 느꼈다. 자기 힘으로는 도무지 알 수 없었던 삶과 죽음을 조금씩 알아나가는 일이기 때문이다.

동양에서는 지혜를 사랑하는 사람을 '군자'라고 했다. 하지만 군자보다 더 높은 차원을 두었는데, 바로 '성인聖人'이다. 성인이란 학문과 수양의 최고경지에 오른 사람으로서 태어나면서부터 아는 사람, 배우지 않아도 아는 사람을 뜻한다. 평범한 사람의 경지를 벗어나는 차원의 사람인 것이다. 공자가 활동하던 당시 제자들은 물론, 많은 사람이 공자는 성인이라고 인정했다. 하지만 공자 자신은 "나는 나면서부터 아는 사람이 아니라 옛것을 좋아해 열심히 배워서 아는 사람이다"라고 말했다. 어려서부터 많은 고생을 했지만, 더 높은 이상을 향해 끊임없이 노력했기에 경지에 이룰 수 있었다는 것이다.

심지어 공자는 성인으로 우러러보는 제자들 앞에서 "성인과 인인仁人(공자가 추구하던 '인仁'의 사람)은 내가 어찌 감히 되겠다고 하겠느냐? 다만 이 도리를 배우고 본받은 것을 가르치는 데 게을리하지 않을 따름이다"라고 공개적으로 선언하기도 했다. 스승의 이 말을 듣고 제자 공서화는 이렇게 대답했다. "바로 그것이 우리 제자들이 감히 배울 수 없는 것입니다." 스승의 학문을 흉내 낼 수 있을지 몰라도 최고의 경지에 올라서도 자신을 내세우지 않고 겸손하게 낮추며 노력하는 자세는 감히 따를 수 없다는 것이다. 이처럼 그의 가르침은 항상 자신의 부족함을 인정하는 성찰을 바탕에 두었다. 다른 사람을 탓하기에 앞서 먼저 스스로 돌아보기를 권했고, 자기 자신에게도 마찬가지였다.

공자나 소크라테스와 같은 위대한 철학자들은 모두 '아는 것이 없다'는 자각에서부터 열심히 배움을 추구했고, 진실을 얻기 위해 노력했다. 이들이 가르쳐주는 바와 같이 스스로 안다고 자만하는 순간부터 배움의 기회는 사라진다. 교만과 자만은 배움의 가장 큰 적이라고 할 수 있다. 스스로 가장 높은 자리에 섰다고 자부하는 순간 그의 삶은 성장을 멈추게 된다. 그리고 곧 바닥 모를 곳으로 미끄러진다. 쉴 새 없이 변화하는 현실에서 성장을 멈추는 것은 곧 퇴보이기 때문이다. 게다가 오늘날 세상의 변화는 가늠하기 어려울 정도로 빠르다.

우리의 삶은 유한하다. 그리고 우리는 무지하다. 유한한 삶을 살아가면서 무엇을 추구해야 할지도 모르는 것이 바로 우리의 모습이다. 물론 소크라테스가 말했던 세 가지, 지혜와 명예 그리고 이익 중 무엇을 선택하든지, 그것은 개인의 자유다. 오늘날의 시대에 그것을 두고 옳다 그르다 말할 수는 없다. 하지만 무엇을 추구하든 그 바탕이 되는 것은 지혜다. 지혜가 없으면 명예도, 부도 제대로 얻을 수 없다.

우리는 인생의 목표를 부와 명예에 두고 끊임없이 추구하지만, 부와 명예를 얻게 해주는 것도 지혜이며, 그것을 바르게 사용하게 하는 것 역시 지혜다. 무엇보다도 지혜를 기반으로 하지 않는 삶은 진정한 삶의 의미와 가치를 관조할 수 없다. 지혜를 추구하는 삶, 그 시작은 언제나 낮아진 나 자신이다. 그리고 오늘이다. 오직 나만의 것인 오늘 하루를 충실히 채워나갈 때 더 나은 내일이 열린다. 지혜의 문이 열린다.

공부가 삶이 될 때
삶은 풍성해진다

소크라테스가 영혼불멸 사상과 내세의 실존이라는 관점에서 배움의 상기론을 주장했다면 그로부터 약 100년 전 동양에서 활동했던 공자의 배움은 철저히 현세적이었다. 특히 공자는 죽음 이후의 다음 세상에는 전혀 관심도, 알려는 노력도 하지 않았다. 공자가 가장 중요하게 여겼던 '예禮' 역시 죽은 사람에게 격식을 차리는 것이 아니라 자신이 추구하던 인간의 도덕성의 본질인 '인仁'을 추구하기 위한 수단이었다. 공자는 지금 세상을 살기에도 벅차고 시간도 없는데 다음 세상까지 생각할 겨를이 없다는 것이다. 《논어》〈선진〉에 실려 있는 이야기다.

제자인 계로(자로)가 귀신 섬기는 일을 묻자 공자가 말했다.
"사람도 제대로 섬기지 못하는데 어찌 귀신을 섬길 수 있겠느냐?"

계로가 다시 "감히 죽음에 대해 여쭙겠습니다"라고 하자, 공자
는 이렇게 대답했다.

"삶도 제대로 알지 못하는데 어찌 죽음을 알겠는가?"

《논어》〈술이述而〉에서도 "공자는 괴이한 일, 힘으로 하는
일, 세상을 어지럽히는 일, 귀신에 관한 일을 말하지 않았다
(子不語怪力亂神, 자불어괴력난신)"고 했다. 비정상적이고 비이성
적인 일에 소모적인 논쟁으로 힘을 소모하기보다는, 지금 몸
담아 살고 있는 세상을 살기 좋게 만드는 것이 공자의 주된
관심사였던 것이다.

또한《논어》〈공야장公冶長〉을 보면 제자 자공이 "스승님께
옛 문물은 들을 수 있었지만, 사람의 본성이나 하늘의 도에
대해서는 들은 적이 없다"라고 말했던 것이 실려 있다. 이 역
시 명확하게 실증할 수 없고, 따라서 스스로 잘 알지 못하는
것을 배움의 주제로 삼지 않으려는 공자의 교육관이라고 할
수 있다. 공자가 제자 계로에게 "아는 것을 안다고 하고, 모
르는 것을 모른다고 하는 것. 그것이 바로 아는 것이다"라고
가르쳤던 것이 말해주는 바와 같다. 공자는 철저히 현실 위주
의 교육, 인간 중심의 교육을 제자들에게 베풀었던 것이다.

따라서 공자의 배움에 대한 관점도 철저히 경험적·현실적

이다. 제자들에게도 노력과 끊임없는 증진을 강조했고, 스스로 노력을 그치지 않았다.

"나는 태어나면서부터 안 사람이 아니라, 옛것을 좋아하여 부지런히 그것을 추구한 사람이다." 《술이》

"학문은 다 배우지 못할까 안타까워해야 하고, 배운 것을 잃을까 염려하는 마음으로 해야 한다." 《태백》

배움에 대해 겸손했고, 스스로 아는 것이 부족하기에 쉬지 않고 공부할 수밖에 없었다는 공자의 생각은 '무지의 지'를 주장했던 소크라테스의 생각과도 일치하고 있다. 당대 최고의 학자 공자는 이처럼 겸손한 마음으로 배움에 대해 열망을 가졌기에 이를 완성할 수 있었다. 학문의 성장을 추구하는 사람은 자신을 솔직하게 돌아보고 항상 부족함을 느끼어 한다. 그럴 때 배움을 멈출 수 없고 날마다 성장할 수 있다. 스스로 부족함을 알 때 오히려 가득 채워지는 배움의 역설이라고 할 수 있겠다.

이처럼 공자가 실천적이고 현실적인 학문을 강조했다고 해서 생각과 사유를 완전히 등한시한 것은 아니다.

"배우기만 하고 스스로 생각하지 않으면 모호해지고, 생각만 하고 배우지 않으면 위태로워진다(學而不思則罔 思而不學則殆, 학이불사즉망 사이불학즉태)."

《논어》〈위정〉에 실려 있는 말인데, 공자는 이처럼 생각과 배움의 균형을 중요시했고, 둘 사이를 적절하게 조절하지 못하면 공부는 완성될 수 없고 반드시 어려움에 처하게 된다고 경계하고 있다. 단순히 지식을 머릿속에 집어넣기만 해서는 그 지식의 명확한 의미를 알 수 없기에 활용하기 어렵다. 하지만 아무런 지식 기반이 없이 생각만 한다면 그것은 얕은 생각에 그치고 만다. 우리가 흔히 하는 말로 잔머리 굴리는 사람이 되는 것이다.

《논어》〈위령공衛靈公〉을 보면 공자는 그 둘 중에서는 생각보다는 배움에 더 중심을 두었고 치중해야 한다고 했다.

"나는 일찍이 종일토록 먹지 않고 밤새도록 자지 않고서 사색을 해 보았지만 유익함은 없었고, 공부하는 것만 못했다."

공부의 목적을 스스로를 완성하는 데 두고 있었기에, 단단한 기반이 되는 공부에 더 치중하는 것은 당연한 순서라고 할 수 있을 것이다. 하지만 일상에서는 생각의 유용성을 특별히 강조했다. 학문에서는 배움의 중요성을, 일상에서는 생각이라는 과정을 중요시했던 것이다. 《논어》〈계씨〉에 실려 있는 '군자유구사君子有九思'가 잘 말해준다.

"군자에게는 항상 생각하는 것이 아홉 가지가 있다. 볼 때에는 밝게 볼 것을 생각하고, 들을 때에는 똑똑하게 들을 것을 생각하고, 얼굴빛은 온화하게 할 것을 생각하고, 말을 할 때는 진실하게 할 것을 생각하고, 일을 할 때는 공경스럽게 할 것을 생각하고, 의심이 날 때는 질문할 것을 생각하고, 화가 날 때는 어려움을 생각하고, 이득이 되는 것을 보면 그것이 의로운지를 생각한다."

배움에 대한 공자의 생각은 아무런 조건 없이 공부를 좋아해서 평생을 두고 쉬지 않고 했다는 것으로 집약될 수 있다. 하지만, 한편으로는 현실적인 문제를 해결할 수 있는 해결책으로 생각했다.

"공부를 하면 기뻤고(배우고 때때로 그것을 익히면 또한 기쁘지 않은가, 《논어》〈학이〉), 공부를 하면 현명해져서 사람들을 가르칠 수 있고 (옛 것을 익히고 새로운 것을 알면 스승이 될 만하다, 《논어》〈위정〉), 공부를 통해 좋은 세상을 만들 수 있고(군자가 사람을 감화시키고 아름다운 풍속을 만들려면 반드시 학문에 의존해야 한다, 《예기》), 공부를 하면 수입이 저절로 따라올 것이기에 생활을 걱정할 필요가 없다(농사를 지어도 굶주림에 대한 걱정은 그 안에 있지만, 공부하면 녹봉이 그 안에 있다,《논어》〈위령공〉)."

공부를 통해 필요한 모든 것을 얻을 수 있고, 어떤 문제도 해결될 수 있기에 그 어떤 삶을 추구하더라도 겸손한 마음으로 공부에 전념하면 된다고 공자는 권유하고 있다.

관념적이고 형이상학적인 서양철학에 비해 동양철학에서의 공부는 좀 더 현실적이고 경험적·실천적이기에 좀 더 우리에게 가깝게 다가온다. 물론 동양 문화권에 속해 있기에 당연하다고 할 수 있지만, 실상은 동서양 어느 쪽이든 공부를 통한 자기성찰과 발전을 도모하라는 것은 마찬가지다. 그리고 공부를 위한 기본적인 마음 자세도 똑같다. 자기 무지를 알고 배움을 원하는 본성을 거스르지 말고 끊임없이 추구하는 것이다. 그 핵심은 어떤 목적이나 이익에 목적을 두지 않는 순수한 지혜의 탐구가 인생에서의 진정한 행복을 주고, 삶의 진정한 가치와 의미도 준다는 것이다.

공자가 세부적인 공부의 방법을 알려준 적은 없다. 하지만 공자는 우리에게 공부의 의미와 공부에 임하는 자세를 가르쳐주고 있다. 물론 요즘처럼 뇌과학이나 학습심리 등 효율적인 공부법이라는 것이 그 당시에 있었을 리가 없다. 하지만 공자는 그 어떤 공부법보다 더 중요한 것이 '공부가 삶이 되는 경지'라는 것을 말해준다.

물론 오늘날의 현실에서 옛날의 현인들처럼 오직 공부에만 모든 것을 쏟을 수는 없다. 당연히 경제적인 부분이 뒷받침이 되어야 하고, 안정적인 재정을 위한 노력 역시 당연히 필요하다. 플라톤도 앎을 추구하는 삶을 살기 위해서는 물질적 요구가 채워져야 한다고 이야기했다. 바로 이럴 때 균형이 필요한 것이다. 건전한 재정을 위한 전문적인 공부와 함께 나를 완성하고 삶의 행복을 주는 즐거운 지식도 추구해야 한다. 삶의 깊이를 더하는 인문학, 감성을 일으키는 음악, 삶의 지경을 넓히는 시와 문학은 삶을 더욱 풍성하게 하는 즐거운 모험이다. 공부와 실천, 그리고 삶의 균형이 제대로 자리 잡을 때 인생의 목표, 삶의 행복이 채워진다.

모든 인간은
지식을 추구한다

공자는 "아는 것은 좋아하는 것만 못하고 좋아하는 것은 즐기는 것만 못하다"라고 《논어》〈옹야雍也〉에서 이야기했다. 공자는 아는 것(知), 좋아하는 것(好), 즐기는 것(樂)으로 어떻게 보면 별로 연관성이 없는 것들을 서로 연결해서 비교했다. 단순히 아는 것보다는 그것을 좋아하는 것이 더 낫고, 좋아하는 것보다는 즐겁게 하는 것이 훨씬 더 낫다는 것이다. 공자의 이 말은 우리가 흔히 공부를 두고 그 뜻을 해석하지만, 사실은 인생의 모든 부분에 적용할 수 있다.

우리의 인생을 이루는 것은 무엇인가? 특별한 몇몇 사람을 제외하면 아마 대부분 '공부'와 '일'일 것이다. 삶을 위한 생리적 필요인 휴식과 잠을 제외하면 우리는 공부와 일로 일생을 보낸다. 스물다섯 살까지는 공부를 하고, 그 공부를 기반으로 나머지 삶은 일을 하면서 보낸다. 만약 그 공부와 일이 마치 내가 호흡하는 것처럼 자연스럽고, 놀이처럼 재미있고, 좋은 사람을 만나는 것처럼 즐거운 일이 된다면 그 삶은 얼마나 풍요로울까?

맹자는 '군자삼락君子三樂', 군자의 세 가지 즐거움을 다음과 같이 말하고 있다.

> "부모가 모두 살아 계시고 형제에게 아무런 사고가 없는 것이 첫 번째 즐거움이고, 하늘을 우러러 조금도 부끄러움이 없는 것이 두 번째 즐거움이며, 천하의 영재를 얻어 이를 교육하는 것이 세 번째 즐거움이다."

그리고 천하의 왕 노릇하는 것은 즐거움에 끼지 못한다고 덧붙인다. 굳이 언급하지 않아도 될 것을 언급했던 것은 명예와 권력을 좇는 인생의 허무함을 강조한 것이다.

맹자가 평생을 두고 도와 학문을 추구했던 대철학자 겸 학자라는 사실을 미루어보면 맹자가 말했던 즐거움의 의미를 어느 정도는 짐작할 수 있다. 먼저 가족의 안녕과 같은 소소한 일상의 행복이 가장 먼저라는 것이다. 행복이란 어떤 특별한 순간에 찾아오는 것이 아니라, 하루하루 행복한 삶을 살아가는 것이다. 평범한 일상의 행복이 쌓일 때 진정한 행복의 삶이 된다.

다음은 올바른 삶이다. 자신의 완성을 위해 노력하며 부끄럽지 않은 삶을 사는 것이 세상의 부와 명예를 좇는 허망한 삶보다 훨씬 더 즐거운 삶이 될 수 있다는 말이다. 그러한 삶의 바탕은 불의를 좇지 않는 의로운 삶이 되어야 한다. '하늘을 우러러 한 점 부끄러움이 없다'는 것이 그것을 말한다. 마지막으로 자신의 완성을 위한 노력에 그칠 것이 아니라 그 학문을 이어가야 한다. 제자를 가르치며 배움을 나누고 전함으로써 다 함께 잘사는 좋은 세상을 만들어가야 한다. 그 속에 개개인의 행복이 있는 것이다.

그러면 맹자가 그 학문과 철학을 이었던, 스승 격이 되는 공자에게 군자삼락은 무엇일까? 공자는 맹자처럼 군자삼락을 분명하게 짚어서 말한 것은 없지만 《논어》의 첫머리 글을 통해 우리에게 자신이 생각하는 바를 일러준다.

"배우고 때때로 그것을 익히면 또한 기쁘지 않은가? 벗이 먼 곳에서 찾아오면 또한 즐겁지 않은가? 남이 알아주지 않아도 성내지 않는다면 또한 군자답지 않은가?"

이 글에서 공자는 자신을 즐겁게 하는 세 가지를 이야기한다. 첫째는 학습의 권유다. 누가 시키지 않아도 스스로 하는 공부, 성공이나 명예에 얽매인 공부가 아니라 공부 그 자체가 주는 기쁨을 말하고 있다. 바로 관조적 삶이 말하는 공부다.

둘째는 소통이다. 먼 곳에 있는 벗이 찾아온다는 것은 말 그대로도 해석이 되지만, 한편으로는 함께 배우고 공부하기를 원하는 제자들이 찾아온다는 뜻도 있다. 그동안은 공자 자신이 쓰일 곳을 찾아다녔지만 이제는 굳이 나서지 않아도 벗들과 제자들이 찾아오니 즐겁다는 이야기다. 세상의 욕심과 명예를 좇는 마음에서 벗어난 순전한 마음이다.

마지막으로 겸손이다. 세상에 이름을 떨치지 않아도, 남들보다 앞서가지 않아도, 굳이 국가 경영에 쓰이지 않아도 괜찮다고 한다. 이 단계는 세상의 욕심과 사사로운 감정으로부터 완전히 초월한 상태다.

공자와 맹자의 배움의 철학은 '호학好學', 즉 학문을 좋아하는 것으로 집약된다. 이런 호학은 한 걸음 더 나아가면 공부 그 자체의 즐거움이 된다. 공부하는 그 자체의 즐거움이란 바로 '공부의 자기목적성'을 말한다. 출세와 부, 그리고 명예를 넘어서서 공부를 통해 자신의 가치를 높이고 자신을 완성하는 데 목적을 두는 것이다. 그래서 공자는 자신을 일컬어 "공부에 분발하면 먹는 것도 잊고, 즐거워서 시름도 잊으며, 늙음이 이르는 것도 알지 못한다"고 했다. 평생을 두고 공부를 계속했지만, 그 공부가 어떤 목적을 이루기 위한 것이 아니라 공부 그 자체가 좋아서 시간이 가는 줄도 모르고 했다는 것이다. 이것을 한 마디로 표현하면 '공부가 곧 삶이고, 삶이 곧 공부가 되는 경지'다. 아는 것과 좋아하는 것을 넘어 공부와 덕을 쌓는 일, 그 자체가 삶이 될 때 가장 높은 경지에 이를 수 있다는 통찰이다. 앞서 말했던 공부가 즐거움이 되는 경지다.

◆

동양철학의 두 거두巨頭라고 할 수 있는 공자와 맹자의 '공부가 곧 삶'이라는 정신은 고대 유럽의 대철학자 아리스토텔레스가 《니코마코스 윤리학》에서 했던 말과 놀랍게도 일치한다.

"무엇보다도 행복이야말로 무조건 궁극적인 것 같다. 우리는 행복은 언제나 그 자체 때문에 선택하고, 결코 다른 것 때문에 선택하지 않기 때문이다."

아리스토텔레스가 말했던 행복의 조건은 바로 '지적인 미덕의 추구', 즉 공부다. 그가 "모든 인간은 천성적으로 지식을 추구한다"라고 말했듯이 인간의 본성을 따르는 것이 바로 올바른 삶이다. 그리고 진정한 행복의 근원이 된다.

오늘날의 공부는 바로 이들 고대 동서양 현자들의 생각을 하나하나 증명해가는 것이라고 해도 과언이 아닐 것이다.

현대 뇌과학에서는 우리 뇌는 새로운 학습을 좋아해 무엇인가를 달성할 때 즐거움을 느낀다고 한다. 그리고 무엇인가를 배우면 배울수록 뇌는 더욱 활성화되고 기억을 담당하는 해마의 신경세포는 점점 더 증식하게 된다. 본능적으로 배움을 추구하는 모습이다. 유명한 정신과 의사인 이시형 박사는 저서 《공부하는 독종이 살아남는다》에서 다음과 같이 이야기했다.

"뇌는 뭔가를 달성할 때 즐거움을 느낀다. 이때 우리 뇌는 그 기분 좋은 상태를 유지하기 위하여 도파민, 세로토닌 등의 쾌락보수물질을 방출한다. 뇌가 우리에게 푸짐한 상을 주는 것이다. 이 과정이 반복되면 습관이 된다. 이런 현상을 뇌과학에서는 강화학습이리고 한다. 공부를 해서 허니를 알면 기분 좋은 보상을 해주고, 그러면 다시 보상을 받기 위해 공부를 더 하게 되는 현상이다. 이 간단한 원리를 잘 활용하면 공부를 습관처럼 하게 된다."

공부를 잘하고 싶은 사람에게는 참으로 매력적인 말이 아닌가? 즐겁게 공부하는 것! 그것이 바로 공부를 잘하는 비법이다. 공부가 직업인 학생 시절에만 한정되는 말은 아니다. 공부는 오히려 학교를 벗어나 사회생활을 할 때 더욱 필요하다. 일상의 삶에서 넘치는 호기심을 갖고 항상 주위를 둘러보며 세상의 숨겨진 비밀을 알아가는 것, 그것이 바로 삶을 풍족하게, 행복하게 만든다. 어떤 상황에서도 행복해지는 비결, 바로 공부다.

치열한 경쟁이 아닌
여유와 휴식을 위한 공부

《톰 소여의 모험》에 재미있는 이야기가 하나 실려 있다.

학교에 가지 않은 벌로 폴리 이모네 울타리에 페인트칠을 해야 하는 톰 소여는 고민에 빠진다. 무려 높이가 2m, 길이가 30m에 달하는 울타리다! 그 모습을 보며 비웃는 친구 벤. 하지만 톰은 세상에서 가장 재미있는 일이라도 되는 양 신나게 휘파람을 불며 페인트칠을 한다. 그 모습을 유심히 보던 벤은 자기도 페인트칠을 하게 해달라고 사정하지만, 톰은 콧방귀도 뀌지 않는다. 애걸복걸하던 벤은 결국 먹고 있던 사과까지 갖다 바친 다음에야 겨우 그 일을 하도록 허락을 받는다.

그리고 울타리 곁을 지나는 아이들 모두가 톰의 계책에 넘어가 자신의 가장 소중한 보물을 갖다 바치고 페인트칠을 할 기회를 얻게 된다. 하루종일 걸려도 하기 어려운 일을 잠깐 사이에 마친 톰은 폴리 이모로부터 칭찬을 듣는다.

"톰, 너도 한다면 하는 아이구나."

어떤가? 별로 교훈적이지는 않을지 몰라도 이 이야기 속에는 인생의 진리가 담겨 있다. 이 책의 저자 마크 트웨인이 보여주는 내재 동기의 핵심 원칙이다. 페인트칠이라는 지겨운 노동이 즐겁고 재미있는, 자신이 가지고 있는 가장 소중한 것을 바쳐야 겨우 할 수 있는 놀이가 된 것이다. 이 핵심 원칙이 바로 일과 놀이를 가르는 원리다.

마크 트웨인은 말했다.

"일이란 반드시 해야 하는 일이다. 하지만 놀이란 하지 않아도 되는 것이다. 보상이 있게 되면 흥미진진하던 일이 틀에 박힌 일이 되고, 놀이가 일이 된다."

"일의 법칙은 매우 불공평한 것 같다. 하지만 아무도 이를 바꿀 수 없다. 일에서 얻는 즐거움이라는 보수가 클수록 돈으로 받는 보수도 많아진다."

그가 이미 180년도 훨씬 전에 태어난 사람인 것을 생각하면 놀라운 통찰력이 아닐 수 없다.

수많은 스포츠 선수들이 뛰어난 성적을 거둔 후에 "운동을 즐겼다"라고 이야기한다. 공부로 뭔가를 해낸 공부의 달인들 역시 "공부가 가장 쉬웠어요. 공부를 즐겁게 했습니다"라고 이야기한다. 하지만 그들은 즐겁게 하는 것이 구체적으로 무엇인지 이야기해주지 않는다. 사실은 그들조차도 그 방법을 모르는 것이다. 아니 모른다기보다 무의식적으로 하기는 했지만, 구체적인 언어로 표현할 수가 없다고 하는 것이 더 맞을 것이다.

하지만 공부의 달인들이 쓴 책들을 보면 이들이 어떻게 공부했는지에 대해 어느 정도는 유추해 볼 수는 있다. 이들은 공부나 성적에 대해 특별히 의식하지 않고 공부 그 자체에 푹 빠져서 공부했다. 공부나 성적을 의식하지 않으니 공부가 주는 스트레스에서 자유로울 수 있었을 것이고, 공부에 완전히 빠져 있으니 시간 가는 줄 모르고 공부할 수 있었을 것이다. 바로 이러한 것이 공부에 몰입했다는 것이다.

좀 더 쉽게 어린 시절 우리가 시간 가는 줄 모르고 했던 놀이나 게임을 생각해보자. 게임이나 레고, 혹은 장난감 조립과 같은 일을 시간 가는 줄도 모르고 했던 경험들이 있을 것이다. 혹은 방과 후에 친구들과 함께 시간 가는 줄 모르고 놀다가 어머니가 몇 번을 불러야 겨우 저녁 밥상에 앉았던 기억, 누구에게나 있었을 것이다. 재미있는 일이나 놀이를 할 때 시간 가는 줄 모르고 빠지는 것, 그것이 바로 '몰입flow'의 경지이다. 그러면 몰입은 구체적으로 무엇인가?

지금은 잘 쓰지 않는 말이지만 예전에 우리는 어떤 일에 빠져서 시간이 가는 줄 모르는 것을 두고 '신선놀음에 도낏자루 썩는 줄 모른다'라고 했다. 옛날 한 농부가 신선이 사는 곳에 가서 바둑을 구경하다가 정신을 차려 보니 도낏자루가 썩을 정도로 시간이 흘렀다는 설화에서 유래한 속담이다. 요즘은 '부질없는 일에 정신이 뺏겨 정작 해야 할 일을 하지 않는다'는 부정적인 뜻으로 사용되기도 하지만, 이 속담은 몰입에 대해 잘 말해주고 있다. 자신이 좋아하는 일, 즐거운 일을 하다 보면 시간이 흘러가는 것도 모른 채 그 일에 빠지게 되는 것이다.

인류 역사상 위대한 일을 한 사람들은 모두 몰입을 했다는 공통점이 있다. 아이작 뉴턴, 토마스 에디슨, 알버트 아인슈타인, 리처드 파인만 등의 과학자를 비롯하여 예술가, 기업가, 정치가 등 남다른 업적을 이룬 사람들을 만든 가장 큰 요인이 바로 몰입의 사고법이다. 앞서 공자가 "공부에 분발하면 먹는 것도 잊고, 즐거워서 시름도 잊으며 늙음이 이르는 것도 알지 못한다"고 했던 것 역시 몰입의 경지를 보여준다. 몰입을 오늘날 과학적 이론으로 정립한 사람은 미하이 칙센트미하이라는 별난 이름을 가진 교수다. 그는 스키, 무용 등을 할 때 우리가 다른 모든 생각을 내려놓은 채 오직 그 일에만 집중하는 현상을 연구하여 몰입이라는 개념으로 정리했다.

몰입은 일에 완전히 집중하게 되는 상태로 인식과 행동이 하나가 되어 과제에 집중하는 것을 말한다. 이러한 몰입 상태는 우리의 감성 지능이 최고조가 되었을 때 가능하다. 눈앞에 있는 과제에만 집중한 나머지 자신의 의식은 모두 내려놓게 되고, 일상의 크고 작은 문제로부터 완전히 자유로운 상태가 되는 것이다. 몰입에 이르면 사람들은 최고의 능력을 발휘하게 되지만 정작 자신은 그 결과에 관심이 없어진다. 단지 몰입하는 행위 자체에서 쾌감과 만족을 얻을 수 있기 때문이다. 결국, 몰입하는 것은 행위 자체가 목적이 되는 자기목적성에 완벽하게 부합하게 되는 것을 말한다.

또 한 가지는 휴식과 여유가 창조적 즐거움의 근원이다. 우리는 흔히 밤잠을 줄이고 휴식 시간도 없이 자신을 몰아붙여야 열심히 했다고 생각한다. 하지만 그런 방식은 자기만족이 될지는 몰라도 효율은 없다. 일도, 공부도 마찬가지다. 지치고 힘든 상태로 공부를 하면서 몰입을 바라기는 힘들다. 심신이 지친 상태에서는 자연히 스트레스가 생기게 되고 즐겁게 공부한다는 것은 불가능한 일이 되고 만다. 우리의 뇌가 지쳐 있는데 즐거움이 생길 수 없지 않은가.

공부의 어원은 한가함, 그리고 휴식이다. 이로써 보면 공부의 근본은 '치열함'이 아닌 '여유와 휴식'이라고 할 수 있다. 어렵고 힘든 문제로 벽에 부딪칠 때는 근본으로 돌아가야 한다. 이미 오래전 아리스토텔레스는 "삶의 목적은 행복이고, 그 행복을 주는 것은 배움이다"라고 말했다. 이 말이 뜻하는 바를 정확하게 짚어보자면 배움의 과정 역시 행복해야 한다는 것이다. 좋아하는 일, 즐거운 일을 하면서 가장 행복한 것처럼 공부도, 삶도 마찬가지다. 흔히 여유가 없다, 상황이 허락지 않는다, 라는 말을 한다. 하지만 그것은 상황의 문제가 아니다. 우리 역사상 최고의 실학자 다산 정약용은 18년간의 귀양 생활을 시작하면서 이렇게 말했다.

"어릴 때는 학문에 뜻을 두었으나, 이십 년 동안이나 세속의 길에 빠져 다시 선왕의 훌륭한 정치가 있는 줄 알지 못했는데 이제야 여가를 얻게 되었다."

주어진 상황이 아니라 마음가짐이 문제다.

하지만 오늘날 학교에 다니면서 이런 공부의 법칙을 따르기는 힘들다. 학교라는 시스템의 한계도 있지만 당면한 성적이나 시험에서 자유로울 수 있는 사람은 없으니까. 하지만 어른이 되어서 사회생활을 하면서까지 이런 공부에 매여 있으면 그 삶은 고달프다. 이제 매여서 하는 공부의 굴레를 벗어나야 할 때다. 어릴 때부터 목줄에 매여 있던 서커스의 코끼리는 자라서도 얼마든지 끊을 수 있는 얇은 목줄에서 벗어나지 못한다고 한다. 스스로 벗어날 수 없다고 각인해놓은 제약에서 벗어나지 못하는 것이다. 우리가 가진 공부에 대한 고정관념이 바로 이와 같을지도 모른다. 하지만 이제 과감히 벗어나야 한다. 공부의 즐거움, 빨리 찾고 터득할수록 행복한 삶이 된다. 프리드리히 니체는 이렇게 말했다.

"배우고 지식을 쌓고 지식을 다시 교양과 지혜로 넓혀나가는 사람은 지루함을 느끼지 않는다."

마음이 이끄는 것을
행하면 그것이 사랑이다

　동양철학의 원조이자 동양적 세계관의 뿌리라고 할 수 있
는 공자의 핵심 사상은 바로 '인仁'의 정신이다. 하지만 인은
공자 자신도 명확하게 정의하지는 않았다. 그의 학문과 철학
을 모은 책 《논어》를 보면 많은 제자가 공자에게 인을 묻는
장면들이 나온다. 그중에 인을 가장 알기 쉽고 명확하게 가르
친 것은 조금 모자란 듯한 제자 번지와의 대화에서다. 제자
번지에게 공자는 '인이란 사람을 사랑하는 것(愛人)'이라고
정의해준다. 사람으로서 가져야 할 최고의 덕목이며, 이상적
인 사회를 만들기 위해서 반드시 있어야 할 사랑, 그 사랑을
이미 2,500년 전에 공자는 설파했다. 《논어》에는 인을 이해
하고 자신의 삶에서 실현하기 위해 사람들이 반드시 알아야
하고, 실천해야 할 것들이 실려 있다.
　'인'을 한자로 풀어보면 '사람 인(人)'과 '둘 이(二)'로 구성

된다. 이를 미루어보면 두 사람, 즉 사람과 사람의 올바른 관계가 이상적인 사회를 만드는 첫걸음이라는 것을 알 수 있다. 그 근본은 바로 부모와 자식의 관계, 즉 효의 정신이다. 그리고 형제 관계, 이웃 관계, 군주와 신하의 관계가 마치 부모와 자식의 관계처럼 된다면 세상에 혼란은 사라지고 평안한 세상이 만들어진다는 것이다.

서양철학에서도 역시 인은 중요한 개념이다. 아리스토텔레스가 《니코마코스 윤리학》에서 말했던 '필리아philia', 즉 '친애親愛'는 인과 거의 비슷한 개념이라고 할 수 있다. 아리스토텔레스도 역시 그 시작은 부모와 자식 간의 관계로 보았고, 그것을 핵심으로 보았다.

"친애는 본성상 부모가 자식에 대해, 또 자식이 부모에 대해 가지는 것이다. 이것은 사람에게만 있는 것이 아니라 새들을 비롯한 나른 모든 동물들에게도 있는 것이며, 같은 종에 속하는 깃들이 서로에 대해 가지는 것과 같다. 인간의 경우에는 더 특별해서, 우리가 '인간애를 가진 사람'을 칭송하는 것은 바로 이런 이유에서다."

아리스토텔레스의 필리아는 동양의 인에 비해 훨씬 포괄적이며 광범위하다. 심지어 동물에까지 그 범위를 넓히는데,

사람으로 한정을 해도 세 가지 종류가 있다. '유익'을 위한 필리아, '즐거움'을 위한 필리아, 마지막으로 '좋음'을 위한 필리아이다. 여기서 좋음이란 탁월성이 있는 사람을 말하는데, 이들 사이에서의 필리아만이 진정한 필리아라고 할 수 있다. 앞의 두 가지, 자신의 유익이나 즐거움을 위한 필리아는 진정한 필리아라고 할 수 없다. 자신의 이익이나 즐거움을 위해서 추구하는 필리아는 상황에 따라 변하는 것으로 진정한 사랑이라고 할 수 없기 때문이다. 동양에서는 이런 필리아를 위선적인 것으로 보아서 오히려 나쁜 것으로 간주했다. 사랑이라는 가장 아름다운 덕목에 어울리지 않는 것이라고 보았기 때문이다.

아리스토텔레스 역시 앞의 두 가지 필리아에 대해서는 순수하지 않은, 조건이 있는 필리아로 보았다. 유익을 위한 필리아는 자신에게도 유익이 생겨야 성립되고, 즐거움 역시 마찬가지다. 만약 이러한 조건이 충족되지 않는다면 그러한 필리아는 즉시 해체되고 만다. 그래서 진정한 친애란 좋은 사람들, 즉 탁월성에 있어서 유사한 사람들 사이에 성립하는 것이라고 할 수 있다. 이들은 주로 좋은 친구 사이이며, 이들이 가지는 친애는 일시적인 것이 아니라 지속적이며 쉽게 변하지 않는다. 그리고 이러한 친애를 통해 온 세상이 조화롭고 이상적인 세상이 된다는 것에는 공자와 같은 생각이었다.

"그런데 친애는 폴리스들도 결속시키는 것처럼 보인다. 입법자들도 정의를 구현하기 위해 애쓰는 것보다 친애를 구현하기 위해 더 애쓰는 것 같다. 입법자들은 무엇보다도 친애와 비슷한 것으로 보이는 화합hamonoia을 추구하며, 무엇보다도 폴리스에 해악을 끼치는 분열을 몰아내기 때문이다. 또 서로 친구인 사람들 사이에서는 더 이상 정의가 필요하지 않지만 서로 정의로운 사람들 사이에서는 친애가 추가적으로 필요하고, 정의의 최상의 형태는 (서로를 향한) 친애의 태도처럼 보인다."

여기서 정의란 바로 동양의 근본 덕목 '인의예지仁義禮智'에서 '의'를 말한다. 공자가 인의예지 중 인을 최상의 덕목으로 보았듯이 아리스토텔레스 역시 정의의 최상의 형태를 친애로 보았다. 하지만 공자가 인을 절대적인 선이며 대체 불가한 유일한 덕목으로 보았던 것과는 달리 아리스토텔레스는 상대적이며 포괄적이고 다양한 유형으로 보았다. 심지어 절대적인 선이라기보다는 비슷한 것끼리 모이는 '유유상종類類相從'의 개념으로 정의하기도 했다.

"친애에 관해서는 적지 않은 논쟁이 있다. 어떤 사람들은 친애를 일종의 유사성으로 규정하고 서로 유사한 사람들을 친구라고 한다. 그래서 사람들은 '유유상종'이니, '까마귀들은 까마귀끼

리 모인다'와 같은 말을 한다. 그러나 어떤 사람들은 '모든 옹기
장이는 같은 옹기장이들을 반가워하지 않기 마련이다'라고 주
장한다."

아리스토텔레스는 필리아를 가족보다는 친구에 대해서 가
장 많이 논의했다. 그리스에서는 친구를 가장 소중한 존재로
보았기 때문이다. "친구는 또 하나의 자아다"라고 그리스 철
학자 제논이 말했던 것처럼, 친구를 자신과 동일시하기도 했
다. 아리스토텔레스도 마찬가지 생각으로 이렇게 말했다.

"다른 모든 것을 다 가졌다 하더라도 친구가 없는 삶은 그 누구
도 선택하지 않을 것이다."

공자 역시 인을 추구하는 사람은 친구가 중요하다고 생각
했다. 공자는 제자 자공이 '인을 실천하는 방법이 무엇이냐'
고 묻자 이렇게 대답했다.

"장인이 그의 일을 잘하려면 반드시 먼저 연장을 손질해야 한
다. 어떤 나라에 살든지 그 나라의 대부 중에 현명한 사람을 섬
기고, 선비 중에서 인한 사람으로 벗을 삼아야 한다."

공자는 인을 실천하는 방법으로 어렵고 심오한 철학을 말하는 것이 아니라, 비유를 들어 알기 쉽게 가르침을 주고 있다. 먼저 연장을 손질하는 것은 자기 자신을 연마하는 것이다. 공부를 통해 내면을 채우고, 도덕적으로 자신을 바로잡는 일을 말한다. 학문과 도덕성은 한 사람이 세상에서 가치있는 일을 하고, 자신의 삶을 의미 있게 만들기 위한 가장 기본적인 조건이다. 따라서 의미 있는 삶을 살기 원한다면 일잘하는 장인이 자신의 도구부터 잘 손질하는 것처럼, 먼저 자신을 갈고닦아야 한다. 뜻을 펼치는 데 필요한 지적 기반도 없이, 확고한 도덕성도 없이 무조건 성공하려는 욕심만 앞세운다면 의미 있는 삶, 진정한 성공은 결코 거둘 수 없다.

그다음은 바로 현명한 사람과 함께 일하고, 벗으로 삼아야 한다는 것이다. 여기서 대부란 벼슬을 하는 사람을 말하고 선비는 아직 벼슬자리에 진출하지 않은 사람을 말한다. 하지만 둘 다 학문과 수양을 통해 자신을 연마하는 사람들이다. 벗의 기준이 성공이 아니라 어떤 사회적 위치에 있더라도 현명하고 인격 있는 사람과 교제해야 한다고 공자는 강조했다.

◆

이로써 보면 동서양에서의 사랑에는 공통점이 있다. 먼저 스스로 자기 존재가 합당해야 한다. 순수하고 진실한 마음으로 사랑을 베풀기 위해서는 먼저 자기 존재를 바르게 세워야 하는 것이다. 공자가 인의 조건으로 '극기克己,' 즉 자신을 극복할 수 있어야 한다고 했던 것과 아리스토텔레스가 '훌륭한 사람'으로 그 대상을 한정했던 것이 그것이다. 훌륭한 사람이 되기 위해서는 반드시 그에 합당한 노력이 따라야 하고, 그 과정을 통과한 사람만이 훌륭한 사람이 될 수 있다.

그다음에는 좋은 동반자가 있어야 한다. 아리스토텔레스가 말했던 것처럼 조건 없이 지속적으로, 사심 없이 친애를 나눌 수 있는 친구가 있어야 진정한 사랑이 성립될 수 있다. 이것을 공자는 '서恕'의 정신이라고 했다. 다른 사람의 마음을 헤아려 그와 같은 마음을 가질 수 있어야 진정한 인의 정신이 발현될 수 있는 것이다.

2,500여 년 전에서부터 오늘날에 이르기까지 사랑은 가장 가치 있고 소중한 덕목이다. 세상에서 가장 지혜로운 현자는 물론 평범한 사람까지도 사랑의 가치를 부정할 사람은 없다. 그리고 사랑이란 노력해서 얻는 것이 아니라 하늘이 내려준 사람의 본성이다.

맹자는 '인야자인야 합이언지도야仁也者人也 合而言之道也', 즉 '사랑은 사람이다. 둘을 합하면 그것이 바로 도다'라고 말했다. 내 본성이 시키는 것, 내 마음이 이끄는 것을 행하면 그것이 바로 사랑이다. 사랑을 베푸는 것은 자기의 유익과 즐거움을 버리는 것처럼 보여서 당장은 손해인 것처럼 여겨진다. 하지만 그 힘은 무한반복적이다. 값없이 나누는 사람이 더 행복하고 베풀면 베풀수록 더 많은 이익이 돌아온다.

KI신서9709

고전은 당신을 배신하지 않는다

1판 1쇄 발행 2021년 6월 3일
1판 4쇄 발행 2023년 7월 5일

지은이 조윤제
펴낸이 김영곤
펴낸곳 ㈜북이십일 21세기북스

콘텐츠개발본부 이사 정지은
인문기획팀 양으녕 이지연 정민기 서진교
디자인 this-cover.com
출판마케팅영업본부장 민안기
마케팅2팀 나은경 정유진 박보미 백다희
영업팀 최명열 김다운 김도연
e-커머스팀 장철용 권채영
제작팀 이영민 권경민

출판등록 2000년 5월 6일 제406-2003-061호
주소 (10881) 경기도 파주시 회동길 201 (문발동)
대표전화 031-955-2100 **팩스** 031-955-2151 **이메일** book21@book21.co.kr

(주)북이십일 경계를 허무는 콘텐츠 리더

21세기북스 채널에서 도서 정보와 다양한 영상자료, 이벤트를 만나보세요!
페이스북 facebook.com/21cbooks 포스트 post.naver.com/21c_editors
인스타그램 instagram.com/book_twentyone 홈페이지 www.book21.com
유튜브 youtube.com/book21pub 카카오1boon 1boon.kakao.com/whatisthis
서울대 가지 않아도 들을 수 있는 명강의! <서가명강>
유튜브, 네이버, 팟캐스트에서 '서가명강'을 검색해보세요!

ⓒ 조윤제, 2021

ISBN 978-89-509-9552-2 03320